Se faire obéir sans crier

Titre original : *Discipline with Love and Limits. How to Raise Well-Behaved Children and Calmly Manage the 43 most Common Problems.*

Published under arrangement with
MEADOWBROOK PRESS, Minnetonka, MN 55346 U.S.A.
French language rights handled by Montreal-Contacts / The Rights Agency

Traduit de l'anglais (États-Unis) par Florence Paban.

Jerry Wyckoff et Barbara C. Unell

Se faire obéir sans crier

MARABOUT

Nous dédions ce livre à nos chers enfants

Christopher Wyckoff, Alexander Wyckoff, Julian Wyckoff
et Allison Wyckoff

Hieronymus Kasmai et Samira Kasmai

Justin Alex Unell, Leah Rachel Unell
et Amy Elizabeth Unell

Remerciements

« Ce qui est passionnant, c'est que nous sommes à un tournant de la révolution biologique que vit la science. Aujourd'hui, nous comprenons mieux que jamais comment les premières expériences de la vie s'inscrivent littéralement dans le corps et affectent le développement du cerveau, du système cardiovasculaire, du système immunitaire et du métabolisme. »

DOCTEUR JACK P. SHONKOFF, DIRECTEUR DU CENTER ON THE DEVELOPING CHILD, HARVARD UNIVERSITY

Nous remercions sincèrement tous les parents et tous les membres des équipes éducatives, ainsi que les spécialistes en sciences sociales et en psychologie du développement, les neurologues et les pédiatres, qui ont nourri notre travail par leur dévouement à l'amélioration et à la protection de la santé et du bien-être des enfants.

Barbara remercie tout particulièrement le docteur Kathy Ellerbeck, Steffany Barton, infirmière, et Laura Mead, pour l'énergie et la perspicacité qu'elles ont déployées tout au long de l'écriture de ce livre. Elle remercie également Janice Benjamin, son amie de toujours, et ses collègues médecins dévoués de l'University of Kansas Hospital : Cynthia King ; Paul Arnold, Tiffany Williams, Jeremy Peterson, David Smith et Smith Manion, médecins ; Sarah Johnson et Melissa Smith, infirmières diplômées ; Megan Bechtold et Mary Suellentrop, kinésithérapeutes.

Ce livre n'aurait jamais vu le jour sans l'amour indéfectible de nos conjoints bienveillants et attentionnés, Millie et Robert.

Sommaire

Introduction **13**

1. Qui peut se faire obéir sans crier ? **19**

Qui dirige l'équipe éducative ? 22

À une exception près 23

Élever seul ses enfants 23

Quand la tension est palpable entre les grands-parents et leurs enfants adultes 24

2. Comment construire une relation positive avec votre enfant ? **30**

Soyez en empathie 32

Soyez présent et accordez une attention exclusive à votre enfant 33

Quels sont les risques à ignorer le besoin d'attention de votre enfant ? 35

Parlez et lisez à votre enfant 36

Améliorez la tolérance à la contrariété de votre enfant et sa capacité à différer les récompenses 38

Demandez-vous comment obéir à la fois à vos impératifs et à ceux de votre enfant 39

Dissociez votre estime de vous et le comportement de votre enfant 41

Protégez votre enfant contre les violences (harcèlement, agressions verbales, physiques, sexuelles, etc.) 42
Garçons-filles : comprendre la différence 44

3. Pourquoi se faire obéir sans crier ? 47
La fessée relève de la violence 50
L'impact sur le cerveau de l'enfant 50
Pourquoi la fessée ne marche pas : les autres raisons de son inefficacité 53
Faites-vous aider par des professionnels 54
La violence est un comportement acquis 55

4. Avec quels outils ? 59
La course contre la montre 61
Le temps calme 61
La loi de grand-maman 63
Le temps neutre 63
Les félicitations 63
Le jeu du silence 64
Les réprimandes 64
La règle 65
Monologue intérieur 66

5. À vous de jouer ! 71
L'agressivité et la violence 73
Le manque de politesse 81
Le bain et le change 86

Le coucher 93
Le siège auto 99
Les trajets en voiture 105
Le refus du changement 112
La manie de tout escalader 117
La séparation d'avec les parents 122
Les insultes et les gros mots 129
La lenteur 133
La destruction d'objets 139
L'exploration des interdits 145
Les conflits à table 150
Les levers nocturnes 156
Les jeux de guerre 161
L'« hyper » activité 169
Le mépris des consignes 177
L'impatience 183
Les interruptions incessantes 188
La jalousie 193
Le mensonge 199
La crise des repas 207
La propreté à table 213
Le désordre 218
Les nuisances sonores 224
Le refus des consignes 230
Le grignotage 235
L'abus du « non ! » 242

Le stress des voyages en avion 246
Le refus de se faire aider 252
La difficulté à partager 257
La timidité 262
La rivalité fraternelle 267
Le vol 273
La sécurité face aux inconnus 278
L'insolence 283
Les accès de colère 288
L'exploration des limites 295
Les accidents de propreté 301
Le trop d'écrans 307
Les fugues 314
Les pleurnicheries 320

Annexes 325
I. Les étapes majeures du développement de l'enfant 327
II. Le point sur la sécurité des enfants 335
III. Mon enfant est-il hyperactif ? 339
IV. L'étude ACE de Vincent Felitti et Robert Anda 343

Introduction

« Quand vous tenez votre bébé dans vos bras pour la première fois et que vous réalisez tout ce que vous pouvez dire et faire pour l'influencer, vous vous dites que c'est une énorme responsabilité. Ce que vous faites avec lui a un impact non seulement sur lui, mais aussi sur tous ceux qu'ils rencontrent, et pas seulement un jour, un mois ou un an, mais pour la vie et pour l'éternité. »

ROSE FITZGERALD KENNEDY

Bienvenue dans l'édition révisée et complétée de *Se faire obéir sans crier.* En trente ans, ce best-seller a aidé des centaines de milliers de parents à comprendre que les cris et les fessées sont contre-productifs et néfastes pour le corps, l'esprit et l'âme d'un enfant.

Nous avons conçu ce livre pour encourager les parents d'aujourd'hui et tous ceux qui s'occupent de jeunes enfants à acquérir les compétences nécessaires pour résoudre les problèmes de comportement des tout-petits par des mots et des gestes calmes et respectueux. Des décennies de recherches comportementales et biologiques ont montré que notre approche affectueuse et concrète des limites et des relations positives rend les enfants et les adultes plus heureux et en meilleure santé.

En effet, le lien sensible et respectueux qui se noue entre un adulte attentionné et un jeune enfant est le meilleur garant de la bonne santé, de la bonne conduite et de la réussite scolaire de l'enfant. Se faire obéir sans crier favorise l'instauration de relations positives et l'émergence d'un ensemble de conditions « idéales ».

Se faire obéir sans crier, c'est *apprendre* à un enfant à :

- assumer la responsabilité de ses actes ;
- prendre des décisions et résoudre des problèmes ;
- considérer ses erreurs comme des défis, et non comme des catastrophes ;
- comprendre la différence entre une bonne et une mauvaise conduite.

Aimer un enfant, c'est partager cette émotion forte à travers des liens positifs et :

- créer un environnement respectueux, sûr et sain, bâti sur une confiance mutuelle ;
- accepter et comprendre le tempérament et la personnalité innés d'un enfant ;
- réagir calmement à un comportement déplacé au lieu de punir.

Instaurer des *limites* comportementales, c'est encadrer votre comportement et celui de votre enfant, et :

- comprendre que les menaces et les formes violentes de discipline ne sont pas des options ;
- donner l'exemple du comportement que vous prônez ;
- anticiper les problèmes de comportement et essayer de les prévenir avant qu'ils ne se présentent.

Pour apporter un soutien encore plus précieux aux familles, et en réponse à ceux qui nous ont demandé de l'aide pour faire face aux nouveaux défis éducatifs, cette nouvelle édition a été enrichie de stratégies pour résoudre les problèmes de comportement courants suivants :

- le manque de politesse ;
- la violence ;
- les trajets en voiture ;
- la manie de tout escalader ;
- les insultes et les gros mots ;
- les conflits à table ;

- le mépris des consignes ;
- les nuisances sonores ;
- le stress des voyages en avion ;
- le trop d'écrans ;
- le vol.

Autre première dans ce livre, nous avons pris en compte les travaux de recherche sur l'impact de la discipline sur le développement du cerveau du nourrisson, du tout-petit et du petit enfant, et nous les avons intégrés dans de nouvelles stratégies quotidiennes. Ces découvertes changent la donne et rappellent l'urgence d'une politique de tolérance zéro à l'égard des cris et des fessées.

Et ce n'est pas fini ! Vous trouverez aussi de nombreuses stratégies éducatives faciles et positives qui aideront tous les membres de votre équipe éducative – grands-parents, assistantes maternelles, nounous, baby-sitters, enseignants de maternelle, etc. – à avoir de bons rapports avec votre enfant. Grâce à ces stratégies, les adultes et les jeunes enfants pourront construire des relations affectueuses pour la vie.

Étant nous-mêmes parents d'adultes et grands-parents de jeunes enfants, nous sommes fiers d'avoir aidé des familles, depuis des décennies, à remplir le rôle le plus difficile et le plus important sur terre – se faire obéir sans crier – en leur apprenant à devenir des adultes responsables et autonomes. Pour vous y aider, nous avons découpé ce livre en chapitres clairs et distincts. Choisissez celui qui répond à vos besoins à un moment donné :

- Si vous souhaitez créer une équipe éducative attentionnée capable de soutenir votre enfant, commencez par le chapitre 1.
- Si vous voulez instaurer des relations affectueuses et positives entre chacun des membres de votre équipe éducative et votre enfant, débutez par le chapitre 2.
- Si vous vous intéressez aux derniers travaux de recherche en neurologie sur la discipline et ses effets à long terme sur la santé, commencez par le chapitre 3.
- Si vous voulez comprendre les termes utilisés tout au long du livre, commencez par le chapitre 4.
- Si vous avez besoin de résoudre un ou plusieurs problèmes de discipline précis, rendez-vous dans la Table des matières. Vous y trouverez la liste complète des problèmes de comportement courants de l'enfance traités dans le chapitre 5.

Se faire obéir sans crier se veut votre référence éducative à l'heure où s'écrit le premier chapitre de votre vie de famille – mais aussi plus tard. Votre aventure sera notre aventure, car nous élevons ensemble nos jeunes enfants.

1.
Qui peut se faire obéir sans crier ?
Vous et votre équipe éducative

« L'avenir d'une société dépend de sa capacité à encourager le bon développement des générations suivantes. »

THE CENTER FOR THE DEVELOPING CHILD, HARVARD UNIVERSITY

Aujourd'hui, les familles avec des enfants en bas âge nous disent devoir multiplier les solutions de garde – qui constituent ce que nous appelons une équipe éducative – pour jongler entre l'éducation et leur travail, un enfant en bas âge et un parent vieillissant, ou un mode de garde et des activités d'éveil (du sport, par exemple). Quel que soit le motif de la multiplicité des intervenants auprès d'un enfant, c'est une réalité dans l'éducation d'aujourd'hui : des millions d'enfants de moins de 5 ans passent au moins une journée par semaine auprès d'une personne autre que leurs parents.

En France, 48 % des jeunes enfants sont confiés à une personne rémunérée pour les garder pendant le temps de travail des parents : 16 % sont en garde collective (crèche, garderie, centre d'accueil…), 32 % en garde individualisée (assistante maternelle, garde à domicile). Les autres modes de garde sont la famille (grands-parents…), voisins ou amis (18 %), le père (4 %) et la mère (30 %) (source : « Enquête Emploi et module *ad hoc* sur la conciliation entre vie familiale et vie professionnelle », 2005, Insee).

La bonne nouvelle est que, comme nous l'avons dit, tous les enfants ont besoin de relations affectueuses et positives avec des adultes attentionnés. Ces relations sont décisives ! Les adultes sont donc bien placés pour aider les enfants à différencier le bien du mal et à devenir à leur tour des adultes intelligents et équilibrés.

Mais comment mettre tous les membres de votre équipe éducative – parents ou non – au diapason pour qu'ils soient vraiment des adultes affectueux qui fixent des limites à votre enfant et lui apprennent à se montrer respectueux envers les autres ?

Qui dirige l'équipe éducative ?

Les parents sont les seuls maîtres à bord. Ils sont donc habilités à aider chaque membre de leur équipe (baby-sitters, grands-parents, gardes d'enfants et autres) à comprendre leurs règles d'éducation – c'est-à-dire la manière dont ils souhaitent que chacun s'occupe de leurs enfants. Nous encourageons donc les parents à avoir des discussions fréquentes et respectueuses avec tous les membres de leur équipe éducative sur les stratégies présentées dans ce livre. Toute l'équipe enverra ainsi aux enfants des messages cohérents sur les règles de discipline destinées à résoudre les problèmes de comportement et à construire des relations affectueuses et positives.

Il est toutefois important de noter que si les membres de l'équipe éducative peuvent accepter de se faire obéir sans crier, certaines règles peuvent changer quand un enfant est loin de chez lui – s'il passe la journée ou la nuit ailleurs. Par exemple, les règles à table peuvent être différentes chez l'enfant et à la crèche – ou chez les grands-parents maternels et chez les grands-parents paternels.

Donc, quand ces règles changent – par exemple, quand une grand-mère veut qu'un enfant veille au-delà de l'heure de coucher habituelle –, quelle doit être la réaction des parents ?

Premièrement, il est important de rester détendu et calme, de ne pas s'énerver et de ne pas se mettre en colère. Un parent peut se dire : « Mon enfant comprendra que les règles sont différentes chez Mamy, c'est normal. » Les enfants sont capables de comprendre et de suivre des règles différentes selon les endroits. Après tout, les règles ne sont généralement pas les mêmes à la maison et à l'école, et les enfants comprennent et respectent les deux, du moment qu'on leur a enseigné que les règles sont importantes.

Enfin, un parent doit se souvenir que c'est lui qui prend la décision finale. Si vous êtes la mère ou le père, évaluez la différence entre les règles en vigueur chez vous et les règles suivies chez la grand-mère ou à la crèche, par exemple, et demandez-vous s'il est important d'essayer poliment de les faire changer ou non.

À une exception près

Les règles sur l'usage de la violence – cris, gifles, coups, fessées, tapes, hurlements, injures, ou tout ce qui peut blesser physiquement ou émotionnellement votre enfant – sont NON négociables. Par exemple, si la nounou dit que votre enfant a besoin d'une gifle parce qu'il est insolent, il est important de lui dire qu'il est dangereux d'utiliser la moindre violence pour gérer le comportement d'un enfant. Dites-lui que vous avez pour règle de vous faire obéir sans cris ni fessées – jamais ! Le passage sur le stress toxique peut aider les membres de votre équipe éducative à comprendre l'importance de votre approche non violente de l'éducation des enfants (voir chapitre 3, page 47).

Élever seul ses enfants

Élever seul un jeune enfant – que ce soit un certain nombre de jours dans la semaine ou tout le temps – est difficile, même pour le parent le plus qualifié. L'éducation est un travail vingt-quatre heures sur vingt-quatre, sept jours sur sept, qui demande de la patience, et elle est aussi censée être un travail collectif. Donc, si les parents sont séparés, divorcés ou éloignés, le mieux est qu'ils imaginent ensemble des stratégies, partagent les tâches et décident des règles qui vont leur permettre de construire des enfants indépendants, autonomes, affectueux et empathiques. Au lieu d'essayer de contrôler ce que l'autre fait ou ne fait pas, chaque parent a tout intérêt à utiliser les stratégies élaborées dans ce livre. L'enfant verra ainsi chacun de ses parents se faire obéir sans crier.

Comme nous l'avons dit, les enfants sont capables de comprendre et de respecter des règles différentes selon les endroits où ils se trouvent, car les règles sont propres à un lieu.

Il est toutefois important de noter qu'entrer en guerre avec l'autre parent sur les pratiques éducatives fera de l'enfant un dommage collatéral. Nul ne sort indemne d'une guerre. Quand les parents ne peuvent pas se mettre d'accord, chacun doit aider l'enfant à comprendre que les règles sont différentes selon chez qui il se trouve – et qu'il est normal qu'il en soit ainsi.

Si l'autre parent s'obstine à user de violence pour éduquer votre enfant, et si vous avez épuisé tous les arguments pour essayer de le faire changer d'avis, vous pouvez demander une aide juridique. Hélas, frapper les enfants n'est pas encore partout illégal. Votre seul recours sera alors d'être un parent attentionné et de faire office de tampon entre votre enfant et l'autre parent.

Quand la tension est palpable entre les grands-parents et leurs enfants adultes

La force de la relation affective entre les grands-parents, les parents et les petits-enfants peut entraîner des conflits autour du pouvoir et du contrôle dans la prise de décision en matière de discipline et d'éducation. Les grands-parents peuvent penser qu'ils devraient commander, comme ils l'ont toujours fait avec leurs enfants. Ils peuvent aussi se dire que leurs enfants adultes devraient suivre leur exemple en matière d'éducation, parce qu'ils sont plus âgés et donc plus sages.

Des conflits de générations peuvent aussi éclater autour des changements culturels, notamment sur ce qui constitue une alimentation saine. Les parents peuvent être sensibles aux questions de santé liées à l'alimentation et peuvent exiger que leurs enfants ne mangent que des aliments bio, sans OGM, des viandes et des produits issus des exploitations locales, ainsi que des aliments sans gluten et sans produits laitiers. Ils peuvent tout exiger pour leurs enfants, du régime paléo au régime végétalien. Les grands-parents, de leur côté, peuvent avoir une alimentation plus simple (par exemple, pauvre en graisses et en sucres, etc.) dont les parents ne veulent pas pour leurs enfants. Quelle que soit la situation, répondre aux besoins des petits-enfants sans s'aliéner leurs parents exige des compromis respectueux, des discussions et de l'empathie pour combler le fossé des connaissances et éviter que les repas ne tournent à la catastrophe (voir « La crise des repas », page 207).

La jalousie et la rivalité peuvent aussi provoquer des frictions entre les grands-parents et leurs enfants adultes, ainsi qu'entre les différents grands-parents. Sans même réaliser qu'ils ont une vision égocentrique du traitement qu'ils attendent de leurs enfants adultes, beaucoup de grands-parents tiennent des comptes du temps et des cadeaux que leurs petits-enfants leur offrent, à eux et aux autres grands-parents. Ils se disent parfois : « Mon fils devrait m'inviter plus souvent. Sa femme demande à sa mère de faire du baby-sitting, pas à moi. C'est horrible que ma fille ne m'appelle plus depuis qu'elle a eu son bébé. Et pourquoi mon fils et sa femme s'absentent-ils à chaque fois que je viens voir leurs enfants ? »

Alors, si vous êtes un grand-parent et que vous êtes contrarié par votre relation avec votre enfant adulte et vos petits-enfants, interrogez-vous sur l'impact de cette jalousie et sur ces comptes d'apothicaire de votre relation avec eux – sans parler de votre propre niveau de stress. Posez-vous les questions suivantes :

- Est-ce bon pour moi ?
- Est-ce bon pour mes enfants ?
- Quel est mon niveau de stress quand j'ai ces pensées négatives ?
- En quoi est-ce bon pour mes relations avec mes enfants et mes petits-enfants ?
- Est-ce que cela me rend heureux ou malheureux ?
- Quel est l'intérêt de jouer au « pauvre de moi » ?
- Est-ce ainsi que je serai le meilleur grand-parent possible ?

Ce sont les messages que les grands-parents s'adressent à eux-mêmes qui les contrarient. Quand ils changent leur monologue intérieur et se disent qu'être grand-parent de jeunes enfants et être parent d'enfants adultes n'est pas une compétition, leur état d'esprit évolue et passe de négatif à positif. Ils cessent de se dire : « Je veux être le préféré ! » pour penser : « Je suis heureux que mes petits-enfants soient en contact avec des adultes attentionnés. »

Tous ces problèmes trouveront leur solution si vous restez flexible et ouvert aux besoins de vos petits-enfants. Après tout, le plus important, c'est de construire des liens personnels et des rapports positifs avec vos enfants adultes et vos petits-enfants. Entrer en conflit sur l'alimentation, les formalités et les attentes ne fera que vous empêcher d'être les grands-parents attentionnés que vos petits-enfants ont besoin que vous soyez.

2.
Comment construire une relation positive avec votre enfant ?

En collaboration avec votre équipe éducative

« Si vous êtes parent, admettez que c'est le métier le plus important et la tâche la plus gratifiante qui soit. Ce que vous faites chaque jour, ce que vous dites et comment vous agissez, fera plus pour façonner l'avenir de votre pays que n'importe quel autre facteur. »

MARION WRIGHT EDELMAN,
FONDATRICE DE CHILDREN'S DEFENCE FUND

Comment ne pas s'émerveiller devant le miracle de la nature en constante évolution en voyant l'être humain passer du stade de nourrisson babillant à celui de tornade qui marche et qui parle ? Avant de nous concentrer sur les solutions concrètes ayant fait leurs preuves pour élever de jeunes enfants, intéressons-nous d'abord à la complexité de leur nature.

Au mieux, les jeunes enfants sont curieux, inventifs, passionnés et indépendants. Au pire, ils sont obstinés, inhibés et collants ! Leur personnalité caméléon et leur incapacité à faire preuve d'une logique adulte font d'eux des clients difficiles quand vous essayez de leur vendre les grandes leçons de comportement de la vie. L'ironie veut que le moment le plus difficile pour construire une relation affectueuse et positive avec un enfant et lui enseigner des bons comportements soit aussi le moment décisif pour le faire. Les premières années de la vie d'un enfant sont ses meilleures années d'apprentissage physique, émotionnel et intellectuel. C'est aussi précisément le moment où les enfants ont *besoin* d'apprendre à se comporter dans le monde, de savoir ce qu'ils ont le droit de faire et de ne pas faire, de savoir réguler leurs propres réactions quand ils sont en colère, énervés ou inquiets. C'est toute la question de l'autodiscipline.

L'approche éducative proposée dans ce livre pour aider les enfants à apprendre la bonne conduite permet de construire des relations positives entre l'enfant et les adultes toujours attentionnés, encourageants et protecteurs – le genre d'adultes dont tous les enfants ont besoin dans leur vie pour s'épanouir.

Vous devriez encourager tous les membres de votre équipe éducative à utiliser chaque jour avec vos enfants les stratégies fondamentales ci-dessous.

Soyez en empathie

L'empathie est la capacité à s'identifier et à comprendre la situation, les sentiments et les motivations d'autrui : c'est le principe directeur des stratégies relationnelles. Nous naissons tous avec la capacité à être en empathie. Les chercheurs ont montré que cette capacité varie ensuite d'un enfant à l'autre. Ils indiquent également que les filles ont une plus grande faculté de lire les émotions que les garçons. Néanmoins, à l'âge de deux ans, garçons et filles sont tous deux capables de comprendre les sentiments des autres. Et à quatre ans, ils sont capables d'en saisir les raisons. Mais si l'empathie se développe chez l'enfant, les adultes, eux, doivent la nourrir.

Le plus important, pour que l'enfant construise et conserve son empathie, est de respecter son individualité en *montrant l'exemple* de l'empathie, de l'écoute et l'affection – quelle que soit la difficulté à gérer son comportement. Par exemple, en cas de mauvaise conduite, si votre première réaction est : « Je suis désolé que tu aies choisi de faire ça », vous prouvez à votre enfant que vous vous souciez de ses sentiments et que vous avez de l'empathie pour le fait qu'il soit sur la sellette. Les parents peuvent aussi développer le potentiel empathique de leur enfant en lui montrant l'impact de son comportement sur les autres par le biais de la question : « Comment crois-tu qu'Andy se sente quand tu l'exclus du jeu ? »

À l'inverse, réagir avec colère au comportement des enfants nuit à leur faculté d'empathie. Quand nous réagissons par la colère, nous enseignons à nos enfants à agir sans tenir compte des sentiments de l'autre – ce que nous devons à tout prix éviter. Par exemple, les études ont montré qu'une plus grande douceur maternelle est associée à une augmentation de l'empathie des enfants dans la deuxième année de la vie, et qu'à l'inverse la colère contre les enfants s'accompagne d'une diminution de l'empathie. Sans empathie, il est quasiment impossible pour un enfant d'apprendre à partager ses jouets, à bien jouer avec les autres, à éviter les réactions de colère et de violence face à l'adversité, et à assumer la responsabilité de ses actes. Les stratégies d'enseignement positives de ce livre vont non seulement maintenir votre quotient d'empathie à un niveau élevé, mais aussi contribuer à développer le potentiel de vos enfants à devenir des adultes empathiques, attentionnés et affectueux.

L'empathie est aussi un facteur déterminant de la bonne entente de votre enfant avec les autres. Les parents sont parfois contrariés puis réconfortés par un jeune enfant qui comprend manifestement leurs larmes. L'empathie est indispensable à cette compréhension. C'est cette capacité à sentir ce qu'éprouvent les autres qui aidera votre enfant à s'intégrer dans des groupes. C'est un rapport donnant-donnant. Quand votre enfant fait preuve d'empathie envers les membres d'un groupe, il a plus de chances de bénéficier de leur empathie et donc d'éprouver le sentiment de sécurité que procure cette intégration.

Les jeunes enfants empathiques développent également un sentiment d'équité et la capacité à généraliser cette équité à tout leur monde. Pour un jeune enfant empathique, l'idée qu'un autre enfant soit exclu du groupe pour sa couleur de peau, sa langue, sa taille ou sa tenue vestimentaire apparaît arbitraire et injuste.

Soyez présent et accordez une attention exclusive à votre enfant

Quand vous accordez à votre enfant une attention exclusive, regardez-le dans les yeux, parlez-lui, écoutez ce qu'il dit, répétez ses mots et ses phrases et soyez un compagnon fidèle. Éteignez la télévision, les téléphones, les ordinateurs et autres gadgets électroniques – sauf si vous les utilisez pour regarder ou écouter une émission ensemble et si vous en discutez avec lui. Prévoyez des activités : lire, chanter, parler de votre journée, lui décrire ses activités, faire une sortie ou jouer dehors. Mettez-vous par terre avec lui pour qu'il puisse voir votre visage et qu'il sache que vous êtes là pour lui et lui seul. Ce ne sont que quelques-unes des idées simples mais profondément importantes pour construire une relation positive et affectueuse avec votre enfant !

Si vous travaillez à la maison, vous vous dites peut-être que vous ne pouvez pas passer toutes les heures où votre enfant est réveillé à jouer avec lui ou à lui accorder une attention exclusive. Nous comprenons. Mais vous devez aussi comprendre le chaos qui se déclenche quand vous fermez votre bureau en laissant votre enfant derrière la porte pendant que vous travaillez.

Sachez aussi que l'idée d'installer une barrière dans votre bureau pour que vous puissiez voir votre enfant sans qu'il puisse venir à vous est une invitation à la contrariété. Si vous travaillez à la maison, nous pensons qu'il est préférable d'envisager les solutions suivantes :

- Faites appel à un ami ou à un parent digne de confiance.
- Trouvez une crèche, une halte-garderie ou un jardin d'enfants adapté à ses besoins.
- Travaillez à la maison à un moment où l'autre parent est là pour s'occuper de lui.
- Engagez une baby-sitter ou une nounou pour venir chez vous afin qu'elle s'occupe de lui pendant que vous travaillez.

Partager son temps entre le travail et les enfants à la maison est envisageable à certains moments, mais comme nous l'avons dit, c'est la porte ouverte (pour vous ou votre petit) à l'énervement, la contrariété et l'amertume. Vous devez donc trouver un moyen de répondre à votre impératif professionnel, ainsi qu'à l'impératif de votre petit, qui est d'être accompagné d'un adulte attentionné. Vous éviterez ainsi certains problèmes de comportement (voir « Demandez-vous comment obéir à la fois à vos impératifs et à ceux de votre enfant », page 39).

Quels sont les risques à ignorer le besoin d'attention de votre enfant ?

Dans le monde connecté et sans fil d'aujourd'hui, le multitâche est la norme. Nous sommes constamment bombardés de bruits électroniques exigeant notre attention. Nous nous sommes tous habitués à ce bruit. Résultat, nous avons tendance à nous concentrer sur le bruit le plus immédiat et à nous déconnecter de tout le reste. Nous pouvons être tellement distraits que le « bruit » des nourrissons et des jeunes enfants n'est qu'une simple distraction de plus cherchant à attirer notre attention. Les bébés sont préprogrammés pour devenir les plus grands faiseurs de bruit, car leur survie même dépend de leur capacité à attirer l'attention d'un aidant. Résultat : les pleurs d'un bébé peuvent atteindre le même niveau de décibels qu'un marteau-piqueur – de quoi vous déranger si votre attention est ailleurs ! De plus, les jeunes enfants étant par nature assez égocentriques, ils pensent qu'ils sont au centre de l'univers et que tout doit tourner autour d'eux. Aussi, un jeune enfant qui cherche à attirer l'attention d'un parent va persister dans sa demande et, si aucune attention ne vient, il ne lui restera plus que des solutions dysfonctionnelles : lutter pour attirer l'attention (faire une colère, pleurnicher, lancer des insultes, etc.), menacer de s'enfuir ou devenir indifférent à la source du stress (le parent) en l'ignorant quand il finit par lui accorder son attention. Quand un parent ignore son enfant et qu'il lui devient indifférent, la relation parent-enfant est toxique, car le niveau élevé de stress de l'enfant provoque une réaction physique malsaine.

Parlez et lisez à votre enfant

Parler et lire à son enfant est vital pour construire une relation positive et l'aider à développer sa bonne conduite et sa sociabilité. Plus il connaît de mots, plus il peut réfléchir, puisque la parole précède la pensée.

Le langage s'apprend mieux en échangeant avec les autres qu'en regardant la télévision ou en écoutant des conversations téléphoniques. C'est l'échange en tête à tête qui est le plus important, pas simplement les mots. Quand vous discutez avec votre enfant en utilisant le contact visuel et un langage positif, attentionné et respectueux, vous ne faites pas que lui enseigner de nouveaux mots, vous construisez aussi une relation attentionnée.

Ces trente dernières années, de grandes études ont démontré l'importance du langage dans le devenir d'un enfant. Elles ont mis en évidence un énorme écart de réussite entre les enfants qui baignent dans un langage riche les premières années de leur vie et les autres. Le nombre de mots qu'un enfant a entendus depuis sa naissance est déterminant. Conclusion : parler et lire à son enfant sont deux des aspects les plus intimes et les plus intellectuellement stimulants du rôle de parent.

Vous pouvez entamer cette démarche dans la petite enfance, avant même que votre enfant ne prononce son premier mot.

Commencez par imiter ses sons. S'il fait des bruits de bouche, tels que « Ba, ba, ba, » répétez-les pour qu'il commence à comprendre que produire des sons signifie se connecter à un adulte important dans son monde. Il saura que vous êtes là et que vous avez une « conversation de bébé » avec lui.

L'échange peut se résumer à décrire ce que vous et votre enfant faites. En voiture, parlez de ce que vous voyez – les monuments, les gens et les activités. Au supermarché, faites le point à voix haute sur votre liste de courses, décrivez les articles que vous achetez par leur taille, leur couleur et leur poids.

Les recherches sur le développement du langage chez l'enfant ont montré que le style de mots utilisés est lui aussi important. Quand vous parlez à votre enfant, utilisez des affirmations comme « Écoute bien » ou « Essayons ainsi ». Évitez d'utiliser des expressions décourageantes comme « Il ne faut pas faire comme ça » ou « Ce n'est pas bien ». Et quand vous devez le réprimander, annoncez l'issue désirée. Dites, par exemple : « Il est important de laisser la terre dans le pot pour que les fleurs poussent. » Évitez de dire « Non ! » ou « Arrête ! ».

Les mots que vous utilisez seront repris par votre enfant, donc soyez positif. Quand vous avez une conversation avec votre enfant, baissez-vous pour que vous puissiez vous voir. Parlez à votre enfant d'égal à égal, comme vous le feriez à un adulte que vous aimez et dont vous vous souciez. Utilisez le même langage que vous utiliseriez avec un autre adulte. Évitez aussi d'utiliser des mots que vous ne voulez pas que votre enfant reprenne, comme des gros mots. Même quand vous ne discutez pas avec lui, nous vous conseillons d'éviter ce genre de mots quand il peut vous entendre. Les enfants saisissent les mots forts, qu'ils soient bons ou mauvais, et devinent rapidement leur sens à partir du contexte dans lequel ils sont utilisés !

Améliorez la tolérance à la contrariété de votre enfant et sa capacité à différer les récompenses

Nous vivons dans un monde où nous sommes connectés à tous et à tout vingt-quatre heures sur vingt-quatre, sept jours sur sept. Conséquence ? Nous sommes frustrés et déçus quand nous n'obtenons pas une réaction immédiate à chacun de nos sms, tweet, message sur un réseau social ou appel téléphonique. Si nous avons nous-mêmes du mal à tolérer la contrariété et à différer les récompenses, comment pouvons-nous enseigner à nos enfants la vertu de la patience ?

Commencez par vous entraîner vous-même à la patience. Par exemple, quand vous êtes coincé dans les embouteillages avec votre jeune enfant bien attaché en toute sécurité dans son siège-auto, ne pestez pas contre le feu rouge et ne hurlez pas après les autres conducteurs pour qu'ils se dépêchent. Vous montrez à votre enfant comment réagir quand il veut quelque chose sur-le-champ. Si vous hurlez ou pestez, il apprendra en vous voyant que, quand il est énervé, la colère est justifiée et les cris pertinents – deux leçons que vous ne voulez surtout pas lui inculquer ! Donnez plutôt l'exemple de votre capacité à différer l'obtention de ce que vous voulez et contenez votre contrariété en disant : « La circulation est vraiment chargée aujourd'hui, mais nous pouvons chanter et nous amuser en attendant que les voitures avancent. »

Vous pouvez améliorer la tolérance à la contrariété de votre enfant et sa capacité à différer les récompenses en prenant des petites mesures comme retarder d'abord de quelques secondes, puis d'un peu plus le moment de lui donner ce qu'il attend. Vous lui enseignez ainsi qu'il finira par obtenir sa récompense. Lui parler pendant cette attente ne fera que renforcer sa tolérance à la contrariété et lui donner les mots qu'il peut utiliser pour mieux la vivre à l'avenir. Dire des choses comme : « Nous pourrons manger quand nous aurons mis tous les cubes dans la boîte » (voir « La loi de grand-maman », page 63) lui montre qu'il est bon de faire ce qui doit être fait avant de faire ce qu'il voudrait faire. Les études longitudinales ont montré que les enfants qui apprennent à différer la récompense quand ils sont jeunes ont plus de chances de devenir des adultes patients et dignes de confiance.

Quand vous promettez à votre enfant que sa patience va payer, vous lui dites qu'il peut vous faire confiance car vous tiendrez parole. Là encore, vous lui démontrez que vous êtes un adulte attentionné. Vous l'aidez à accepter de différer sa propre récompense et à avoir confiance dans le fait que cette récompense finira par arriver.

Demandez-vous comment obéir à la fois à vos impératifs et à ceux de votre enfant

Tous les enfants, et en particulier les plus jeunes, font des colères, pleurnichent et affichent tous ou la plupart des quarante-trois comportements que nous explorerons dans le chapitre 5 de ce livre – que leurs parents soient parfaits ou non ! Les enfants ont tous des besoins et des envies, quelle que soit leur catégorie socio-économique et qu'ils soient plus ou moins équilibrés, au même titre que leurs parents et tous les adultes qui s'occupent d'eux.

Les problèmes surviennent quand les besoins et les envies des parents et des enfants ne s'imbriquent pas comme les pièces d'un puzzle. Les parents veulent pouvoir prendre le dessus pour obéir à leur impératif. Il y a conflit quand l'enfant cherche lui aussi à prendre le dessus pour obéir à son propre impératif.

Par exemple, il y aura conflit si vous voulez que votre enfant s'habille et que sa priorité est de jouer. Vous voudrez exercer le pouvoir que vous croyez posséder en tant que parent, tandis que lui voudra décider de ses propres impératifs. Selon la force avec laquelle vous vous convainquez de votre besoin de prendre le dessus dans cette situation, le conflit va soit dégénérer, soit être résolu.

Aussi, au lieu de vous dire que vous devez prendre le dessus, essayez de résoudre ce conflit en vous disant que vous n'avez pas besoin de prendre le dessus sur votre enfant pour satisfaire votre impératif. Dites simplement : « Je comprends que tu veuilles continuer de jouer plutôt que de t'habiller. Mais nous devons nous préparer pour aller à l'école. J'aimerais que tu coopères. » Ainsi, vous validez calmement l'impératif de votre enfant tout en lui communiquant le vôtre. Utilisez ce que nous appelons la loi de grand-maman (voir page 63) et dites-lui : « Une fois habillé, tu pourras jouer jusqu'à ce que nous partions. Tu sais tellement bien t'habiller tout seul. » En reconnaissant à la fois vos besoins et ceux de votre enfant, vous pourrez résoudre le conflit pour le contrôle du pouvoir et obtenir la coopération de votre enfant.

Les conflits d'impératifs sont des sources majeures de stress pour les parents et les jeunes enfants. Quand ces conflits deviennent chroniques parce qu'un adulte ne les résout pas sans crier, ils peuvent déclencher une réaction toxique au stress que rien ne peut apaiser. Cette réaction au stress peut nuire à la santé émotionnelle et physique de votre enfant aujourd'hui et à l'avenir (voir chapitre 3, page 47).

Dissociez votre estime de vous et le comportement de votre enfant

«Tu ne peux pas imaginer à quel point Suzy est intelligente. Elle m'épate. C'est un vrai génie.»

Combien de fois avez-vous entendu ce genre de déclaration dans la bouche de vos amis ou de vos connaissances ? Vous avez peut-être vous-même tenu de tels propos en parlant de vos enfants.

Il est important de s'enthousiasmer pour les compétences et les facultés de son enfant et d'encourager leur développement. Votre enfant a besoin de votre soutien. Mais pavoiser devant un ami ou un voisin est risqué si votre enfant vous entend. Pourquoi ? S'il s'inscrit dans votre CV de «parent qui réussit», il va se croire l'instrument de votre bonheur. S'il réussit et répond à vos attentes, vous serez content de lui. Mais s'il échoue, vous ne serez pas content de lui. C'est une position dangereuse pour votre enfant.

Il est important de faire la distinction entre vous et votre enfant. Premièrement, vous n'avez aucun contrôle sur ses compétences et ses capacités, ni même sur son désir d'utiliser ses compétences. En revanche, vous contrôlez vos paroles et vos actes, ainsi que la réaction de votre équipe éducative à son comportement. C'est là que vous devez faire porter vos efforts.

Il est également important de faire la distinction entre votre enfant et son comportement. Après tout, il *n'est* pas son comportement. C'est un enfant, une personne. Son comportement est celui d'un enfant. Ce n'est pas *qui* il est. C'est un enfant qui joue au foot, par exemple. Ce qu'il fait – jouer au foot – peut changer. Pas ce qu'il est.

Vous et votre équipe éducative devez accepter votre enfant, mais pas forcément son comportement. S'il fait une scène au supermarché, c'est seulement son comportement qui est pénible et qui peut être modifié. Il n'est ni bon ni mauvais, et son comportement n'est pas vous, même si vous vous dites : « Mon enfant se conduit mal, ce qui fait de moi un mauvais parent. » C'est le comportement que vous voulez changer, pas l'enfant.

Votre CV de parent peut inclure votre enfant, mais pas ses réussites ou ses échecs. Ce qui doit figurer sur votre CV, c'est que vous partagez des liens affectueux avec votre enfant et que vous lui inculquez les limites qui s'imposent à son comportement et qui lui seront utiles quand il grandira et deviendra adulte.

Protégez votre enfant contre les violences (harcèlement, agressions verbales, physiques, sexuelles, etc.)

L'une de vos plus grandes responsabilités de parent est de protéger votre enfant quand il est sous votre surveillance, mais aussi sous la surveillance des autres membres de votre équipe éducative – baby-sitters, assistantes maternelles, enseignants et famille. Pour ce faire, deux missions vous incombent.

Premièrement, avant de confier votre enfant à une garderie ou à un jardin d'enfants, à une nounou ou à une baby-sitter, vous devez vous assurer que la ou les personnes qui seront responsables de sa sécurité et de son bien-être s'engagent à le protéger.

Deuxièmement, vous devez apprendre à votre jeune enfant ce qu'il peut dire pour se défendre. Par exemple :

- « Je n'aime pas quand tu fais ça. Arrête. »
- « Je ne peux pas te suivre, je ne te connais pas. »
- « Arrête de me lancer du sable. »

Une fois que vous avez décidé quelles phrases de défense enseigner à votre enfant, entraînez-vous avec lui en jouant à faire semblant. Dites : « Faisons semblant de jouer. Si je te lance du sable, qu'est-ce que tu dis ? » Vous pouvez pousser et encourager votre enfant jusqu'à ce qu'il dise ce que vous lui avez appris à dire. Puis félicitez-le pour son effort et essayez un autre scénario.

Pour mieux comprendre si votre enfant est harcelé en votre absence, rendez-vous sur le site www.nonauharcelement.education.gouv.fr.

Voici certains des signes révélateurs d'un problème de harcèlement :

- des blessures inexplicables ;
- des vêtements, des livres, des appareils ou des bijoux perdus ou abîmés ;
- des maux de tête ou des maux de ventre fréquents, des nausées ou des fausses maladies ;
- des changements d'habitudes alimentaires ; par exemple, s'il se met soudain à sauter des repas ou à dévorer (et à rentrer de l'école affamé parce qu'il n'a pas déjeuné) ;
- sommeil difficile ou cauchemars fréquents ;
- baisse des résultats, perte d'intérêt pour le travail scolaire ou refus d'aller à l'école ;
- soudaine perte d'amis ou refus de se sociabiliser ;
- sentiments d'impuissance ou baisse de l'estime de soi ;

- comportements autodestructeurs – fugue, automutilation ou propos suicidaires ;
- signes d'agressivité envers les animaux ou les personnes – coups ou morsures.

Si vous observez ces symptômes, parlez à votre enfant et essayez de savoir d'où ils viennent. Posez des questions ouvertes auxquelles il ne pourra pas répondre par un simple oui ou non. Ne dites pas : « Tu as mal à l'estomac ? » Dites plutôt « Je pense que tu agis comme si tu avais mal à l'estomac. Parfois, quand j'ai mal à l'estomac, c'est parce que quelque chose me tracasse. Dis-moi ce qui te tracasse. »

Selon la situation, vous pouvez vous faire aider pour déterminer la raison des symptômes auprès des médecins, de l'école, des proches de votre enfant ou des membres de votre équipe éducative. Et si vous découvrez que le harcèlement est la cause de la détresse de votre enfant, l'étape suivante consiste à régler le problème avec les personnes chargées de la protection de l'enfance.

Garçons-filles : comprendre la différence

Notez que la discussion qui suit reprend les grandes généralités qui s'appuient sur la somme des recherches sur le développement des garçons et des filles. Les enfants ne s'inscrivent pas toujours dans ces tendances. Mais ces données peuvent vous aider à faire la distinction entre des comportements normaux et des comportements qui doivent être considérés comme des problèmes. Connaître les différences innées entre les garçons et les filles peut vous aider à éviter de comparer vos enfants de sexes différents. Rendez-vous aussi en Annexe I : « Les étapes majeures du développement de l'enfant», page 327, pour mieux connaître les différentes étapes de développement des jeunes enfants.

Pour bâtir une relation positive avec votre enfant, mieux vaut comprendre que les garçons et les filles diffèrent non seulement dans leur structure physique, mais aussi dans leur structure cérébrale, leur physiologie et leurs hormones. Ces différences influencent fortement les dissemblances de comportement garçon-fille.

Par exemple, *in utero*, le cerveau des garçons se développe plus lentement que celui des filles. Chez les garçons, l'hémisphère gauche, qui contrôle la pensée, se développe plus lentement que l'hémisphère droit, qui contrôle le rapport à l'espace. Les connexions entre les hémisphères se développent elles aussi lentement. Résultat: les garçons ont généralement de meilleures capacités en maths et en raisonnement et de moins bonnes capacités en langage et en lecture.

Le cerveau des filles se développe plus harmonieusement et les hémisphères sont étroitement connectés. Les filles peuvent ainsi mobiliser les deux hémisphères pour des activités telles que la lecture et la conscience émotionnelle. Le cerveau féminin est quasiment en permanence actif. Les filles sont donc plus polyvalentes. Leur organisme sécrète également plus de sérotonine, un neurotransmetteur qui inhibe l'agressivité.

De son côté, l'organisme des garçons sécrète plus de testostérone, une hormone qui stimule l'agressivité. De fait, les garçons ont tendance à chercher la récompense instantanée (à manger vite et à passer d'une activité à l'autre), à chercher rapidement à résoudre des problèmes (même dans des situations chargées d'émotion), et à entreprendre des activités génératrices de tensions (sports, compétitions et jeux). Ces tendances permettent aux garçons de libérer une énergie contenue, chargée de testostérone.

Voici quelques-unes des autres différences couramment observées entre les garçons et les filles :

- Les garçons préfèrent se concentrer sur une seule tâche et sont plus agressifs quand on les interrompt.
- Dans leurs activités motrices, les filles atteignent moins vite leur maximum, sont plus énergiques et plus endurantes.
- Les garçons inventent et jouent à des jeux qui occupent plus d'espace. Ils ont donc besoin de plus de place et d'être davantage dehors.
- L'intérêt des filles pour les objets est moins éphémère et moins marqué.
- Les filles se fient davantage à leurs cinq sens : l'odorat, l'ouïe, le goût, la vue et le toucher.
- Les garçons captent mieux l'information visuelle de leur œil gauche. Elle alimente l'hémisphère droit du cerveau, leur hémisphère le plus développé.
- À l'âge de cinq ans, les filles ont six mois d'avance sur les garçons en termes de développement global.
- Les garçons qui se croient physiquement forts chercheront les jeux physiques.
- Les garçons qui se sentent en sécurité et compétents cherchent leur indépendance avant les filles.

3.
Pourquoi se faire obéir sans crier ?

Ce que nous dit la science sur la fessée, le cerveau et la santé émotionnelle et physique

« Nous savons à quel point les expériences de la petite enfance ont des répercussions sur toute la vie et à quel point l'environnement de la petite enfance est littéralement gravé dans le cerveau et modifie son architecture. »

DOCTEUR ANDREW GARNER

Aux États-Unis, 78 % des pères et 66 % des mères pensent que les enfant ont parfois « besoin d'une bonne grosse fessées ». Étonnamment, 15 % des bébés reçoivent la fessée avant leur premier anniversaire[1]*.

Ces chiffres nous incitent à vous fournir un compte rendu détaillé des découvertes scientifiques majeures sur l'impact de l'usage de toute forme de violence – fessée, tape, gifle, coup ou menaces – comme discipline.

Qui n'a pas déjà entendu ce genre d'argument pour justifier la fessée :

- « Il faut que je donne une bonne fessée à mon enfant pour qu'il fasse ce que je lui dis. »
- « J'aime mon enfant. Si je lui donne une fessée, c'est pour son bien. »
- « Il arrive que mon enfant mérite une fessée. »
- « Mes parents me donnaient une fessée quand je faisais une bêtise. Donc moi aussi je lui donne une fessée. »
- « Je lui ai donné une fessée parce qu'il a tapé son frère. »
- « J'ai dû lui donner une tape pour avoir son attention. »
- « Je lui ai donné une fessée parce que je ne savais pas quoi faire d'autre pour qu'il arrête. »

---

* Nde : En juillet 2016, l'Assemblée nationale française a voté contre « tout recours aux violences corporelles » des parents envers les enfants. La fessée pourrait donc devenir illégale en France. La France était jusqu'ici, avec l'Angleterre, l'un des seuls pays de l'Union européenne à ne pas avoir officiellement interdit toute violence éducative et, de façon implicite, la fessée. Un sondage de l'Ifop réalisé en 2015 avait même révélé que 70 % des Français s'opposaient à une interdiction de la fessée, et seulement 7 % se prononçaient comme étant « tout à fait favorables à l'interdiction ».

Non seulement ces arguments sont dangereux, mais s'excuser d'avoir donné une fessée à un enfant en disant : « Je suis désolé, je t'ai frappé uniquement parce que je t'aime », « J'ai plus mal que toi » ou encore « C'est ton attitude qui fait que je t'ai donné une fessée » nuit également à la santé émotionnelle d'un enfant. Pourquoi ? Parce que ces soi-disant excuses pour justifier la violence lui disent qu'il ne mérite pas d'être aimé et protégé, et que l'on peut taper quelqu'un que l'on aime pour le faire progresser. Ce n'est pas le genre de message que les parents veulent adresser à leurs enfants – jamais ! S'excuser de donner une fessée peut causer les mêmes dégâts émotionnels que la fessée elle-même.

La fessée relève de la violence

Pour faire simple, la fessée est en réalité une forme de violence qui se définit ainsi : faire preuve de domination ou d'intimidation ; parvenir à ses fins avec agressivité ; s'imposer avec agressivité ou par intimidation ; effrayer, terroriser, menacer ou tyranniser.

Quand une personne frappe ou hurle après un enfant – comme le ferait un harceleur –, l'enfant la craindra tellement qu'il fera ce qu'elle veut, juste pour mettre un terme à la douleur et à l'anxiété qu'il éprouve. Taper, gifler, parler violemment et menacer de fessée peut sembler efficace, car les résultats sont immédiats, mais à quel prix pour l'enfant ?

L'impact sur le cerveau de l'enfant

Voici ce qui se passe quand un enfant subit des violences : la violence provoque une peur qui déclenche une réaction physique innée et automatique, et l'enfant fera ce que l'adulte veut juste pour « éteindre le feu » de la réaction de stress dans son cerveau et dans son corps. La réaction en chaîne au stress ressemble à cela :

1. Un adulte menace ou donne une fessée, frappe ou gifle un enfant.
2. L'enfant perçoit ce geste comme une menace.
3. La zone de la peur du cerveau dit : « DANGER ! »
4. Face au danger, son corps et son esprit ont une réaction de lutte ou de fuite qui lui enjoint soit de riposter, soit de s'enfuir.
5. La réaction de lutte ou de fuite fait monter sa tension, son rythme cardiaque et ses hormones du stress (le cortisol, notamment). Cette réaction au stress provoque également d'autres changements physiques – notamment dans son cerveau.

Les psychologues du stress ont trouvé une explication biologique. La zone du cerveau la plus affectée par le stress est le cortex préfrontal, qui est la zone décisionnelle du cerveau. Donc, les enfants qui grandissent dans des environnements stressants – notamment des environnements dans lesquels ils reçoivent des fessées – ont généralement plus de mal à se concentrer, à rester calmes, à rebondir après une déception et à respecter les règles. Et surtout, ils ont plus de mal à s'autoréguler, c'est-à-dire à se maîtriser.

Dans *Comment les enfants réussissent* (Marabout, 2014), Paul Tough rapporte la donnée suivante : quand les enseignants de maternelle sont interrogés sur leurs élèves, ils affirment que les enfants qui posent le plus de problèmes ne sont pas ceux qui ne connaissent pas leurs lettres et leurs nombres ; ce sont ceux qui ne parviennent pas à se contrôler ou à se calmer après avoir été provoqués. D'ailleurs, une étude américaine a révélé que 46 % des enseignants de maternelle disent qu'au moins la moitié des enfants de leur classe ont des difficultés à respecter les règles. Une autre étude révèle que les enseignants de Head Start* observent que plus d'un quart de leurs élèves affichent une mauvaise maîtrise de soi, et notamment frappent ou menacent d'autres élèves au moins une fois par semaine[2].

Les chiffres alarmants de l'impact de la fessée sur le comportement et la santé des enfants ne manquent pas : une méta-analyse de 88 études scientifiques sur soixante-deux ans a révélé que, dans 94 % des cas, la fessée est fortement associée aux comportements et expériences indésirables suivants[3] :

- mauvaise assimilation des règles morales ;
- augmentation de l'agressivité de l'enfant – raisonneur, désobéissant et cruel ; destruction des objets, agression physique et cris ;
- risque majoré de délinquance et de comportement antisocial ;
- détérioration de la relation parent-enfant ;
- détérioration de la santé mentale de l'enfant ;
- augmentation du risque d'être victime de violence physique ;
- plus grande agressivité à l'âge adulte ;
- augmentation de la fréquence d'un comportement criminel et antisocial à l'âge adulte ;
- détérioration de la santé mentale à l'âge adulte ;
- augmentation du risque de maltraitance de son propre enfant ou de son conjoint ;

---

* Ndt : Programme du Département américain de la Santé qui associe services éducatifs, sociaux et de santé à destination des enfants défavorisés.

• augmentation de la consommation de drogue et d'alcool.

Tous ces comportements sont liés au fonctionnement du cortex préfrontal et à son rôle dans la régulation des pulsions, y compris dans le développement moral de l'enfant. Selon la psychologue Lawrence Kohlberg, le degré zéro du développement moral consiste à « respecter les règles uniquement pour éviter la punition. Le degré maximal consiste à respecter les règles parce qu'elles sont justes et bonnes[4] ». Quand les parents donnent une fessée à leur enfant pour mauvaise conduite, ils le bloquent au degré zéro du développement moral. Les enfants cherchent à éviter la punition, pas à faire ce qui est bien ou juste.

Pourquoi la fessée ne marche pas : les autres raisons de son inefficacité

La fessée comme punition ne fait que plonger le mauvais comportement dans la clandestinité. Elle empêche le comportement de se reproduire devant un parent, mais elle ne le fait pas disparaître. En réalité, les enfants qui reçoivent des fessées deviennent experts dans l'art de ne pas se faire prendre. Si les parents disent : « Que je ne te reprenne pas à faire ça », les enfants veilleront à ne pas se faire prendre.

Ne faites-vous pas de même pour éviter la sanction ? Quand vous conduisez au-dessus de la vitesse autorisée et que vous voyez une voiture de police, que faites-vous ? Votre réaction est la même que celle de votre enfant : vous cachez ce que vous faites pour ne pas vous faire prendre. Vous ralentissez, vous vous conduisez bien sous le regard de la police, puis vous accélérez une fois la voiture de patrouille hors de vue. C'est cela, le degré zéro du développement moral. En revanche, si vous respectez tout le temps les limitations de vitesse, vous atteignez le degré maximal du développement moral.

La méta-analyse citée plus haut révèle que la fessée est associée à un seul et unique comportement désirable, comme nous l'avons dit plus tôt: une plus grande adhésion immédiate. On observe également que les adultes qui ont reçu des fessées étant enfant ont plus de problèmes de santé liés au stress, notamment un risque accru de troubles[5] tels que:

- hypertension;
- maladies hépatiques;
- diabète;
- maladies cardiovasculaires;
- maladies gastro-intestinales;
- arthrite;
- obésité.

Faites-vous aider par des professionnels

Si vous ou les membres de votre équipe éducative n'arrivez tout simplement pas à arrêter de donner des fessées à votre enfant, nous vous encourageons, vous et eux, à consulter un pédiatre ou un thérapeute. Ils vous aideront à éviter que votre comportement nocif ne provoque une réaction au stress toxique sur la santé et le cerveau de votre enfant. Le terme de stress toxique est le terme formel utilisé par la communauté médicale et scientifique pour décrire l'activation excessive ou prolongée du système de réaction physiologique au stress en l'absence de relations stables et attentionnées[6]. Comme nous l'avons noté, ce type d'activation prolongée des systèmes de réaction au stress peut gêner le développement de l'architecture cérébrale et des autres organes, et augmenter le risque de maladie liée au stress et de trouble cognitif à l'âge adulte[7] (voir Annexe IV, page 343).

La violence est un comportement acquis

Les études réalisées auprès des personnes reconnues coupables de crimes violents montrent que leur violence est acquise. Eux-mêmes ont été soit témoins, soit victimes de violence. Ils ont appris que violence et pouvoir vont de pair. Quand les enfants reçoivent des fessées, des gifles ou des coups ou sont ne serait-ce que menacés de violence, ils apprennent que les adultes, grands et forts, parviennent à leurs fins par la violence. Ils utilisent à leur tour la violence pour exercer un pouvoir sur les autres.

Le premier message que les parents envoient quand ils crient ou donnent une fessée est que les adultes sont plus grands, plus forts et plus puissants que les enfants et qu'ils peuvent semer la terreur et la douleur s'ils sont contrariés. L'enfant éprouve alors le sentiment d'être victime et impuissant face à une personne plus grande, et cette force génère de la peur, de l'anxiété et enfin le désir d'utiliser à son tour la violence en cas de contrariété.

Les enfants ont une vision pragmatique du monde. Quand ils voient qu'il est permis aux adultes de les frapper, ils supposent qu'il doit leur être permis de frapper les adultes et les autres enfants. Les coups appellent les coups – ainsi que la colère, la vengeance et la rupture de la communication entre adultes et enfants. C'est à l'OPPOSÉ du comportement d'un adulte protecteur, attentionné et aidant.

Le Comité des droits de l'enfant des Nations unies classe le châtiment corporel parmi les maltraitances. Il le définit comme une « force physique employée avec l'intention de causer un certain degré de douleur ou de gêne, même légère[8] » et avance que la fin des châtiments corporels chez l'enfant est une « condition pour combattre et prévenir toute forme de violence dans les sociétés ».

Nous sommes entièrement d'accord. Les enfants apprennent la violence en prenant exemple sur les adultes. C'est une excellente raison pour éviter la fessée, les coups, les gifles, la violence verbale et toute autre forme de menace de douleur physique ou émotionnelle. C'est particulièrement important à l'heure où les enfants sont de plus en plus exposés à la violence dans les médias. Les recherches ont montré que les enfants qui regardent la violence en ligne, à la télévision, au cinéma ou dans les jeux vidéo sont plus agressifs avec leurs camarades de jeu. Les médias leur apprennent que la violence peut donner le pouvoir et que l'usage de la violence est un moyen acceptable de parvenir à leurs fins. C'est pourquoi il est vital que tous les membres de l'équipe éducative aient conscience des dangers de l'usage de la violence sous toutes ses formes, que ce soit des menaces, qu'elle soit infligée à un enfant ou à autrui, ou qu'il en soit témoin dans les médias.

Comme nous l'avons répété plusieurs fois dans ce chapitre, AUCUNE conséquence positive n'est à attendre de la fessée ou des cris sur un enfant (ou n'importe qui d'autre !). En fait, le lien entre la victimisation des enfants et les problèmes ultérieurs de gestion de la colère est un argument de plus en faveur d'une politique de tolérance zéro à l'égard de la fessée et des menaces à la maison, à la crèche, à la halte-garderie ou ailleurs. Cette politique devrait renforcer votre propre conviction que la discipline doit être un enseignement qui forge un bon comportement sans crier.

Nous sommes donc plus résolus que jamais à nous assurer que tous ceux qui s'occupent des enfants apprennent à enseigner à un enfant à bien se comporter de façon positive – de quoi favoriser les relations saines et affectueuses entre les parents et les enfants. Dans son livre *Love 2.0* (Marabout, 2014) Barbara Fredrickson décrit que l'amour, tel que le vit notre corps, renforce la connexion entre notre cerveau et notre corps et est bon pour la santé physique, émotionnelle et psychologique de l'adulte et de l'enfant.

Notes

1, 3, 5. « The Psychology of Spanking », Online Psychology Degrees, http://www.online-psychology-degrees.org/ psychology-of-spanking/.

2. Paul Tough, *Comment les enfants réussissent* : *persévérance, curiosité et autres pouvoirs cachés de la personnalité* (Marabout, 2014).

4. Lawrence Kohlberg, *The Philosophy of Moral Development* : *Moral Stages and the Idea of Justice* (Harper and Row, 1981).

6. « Key Concepts : Toxic Stress », Center for the Developing Child, Harvard University, http ://developingchild.

7. « Adverse Childhood Experiences (ACE) Study », Centers for Disease Control and Prevention, www.cdc. gov/violenceprevention/acestudy/.

8. « Prohibiting and Eliminating Corporal Punishment of Children – A Key Element of State Responsibility for Eliminating Violence against Women and Girls », Global Initiative to End All Corporal Punishment of Children, www.endcorporalpunishment.org.

4.
Avec quels outils ?
Petit guide du vocabulaire pour se faire obéir sans crier

« Si le seul outil que vous avez est un marteau, vous aurez tendance à voir tous les problèmes comme des clous. »

Abraham Maslow

Dans ce chapitre, nous allons définir le vocabulaire de base à la disposition des membres de votre équipe pour résoudre les quarante-trois problèmes de comportement le plus couramment observés chez les enfants et étudiés dans le chapitre 5.

La course contre la montre

Technique de motivation qui utilise l'esprit de compétition de votre enfant pour l'encourager à respecter votre emploi du temps

Réglez un chronomètre (celui de votre smartphone, par exemple) sur le temps que vous voulez accorder à votre enfant pour faire une tâche. Puis dites-lui : « Voyons si tu peux finir avant la sonnerie. » Les enfants aiment gagner. Cette technique leur permet de remporter une course contre le temps – et surtout de terminer en temps voulu sans bras de fer. La montre sera responsable, pas vous.

Utiliser la course contre la montre quand vous voulez que votre enfant aille au lit, par exemple, vous aidera à limiter les conflits enfant-parent puisque vous aurez transféré l'autorité à une figure neutre : la montre.

Le temps calme

Temps pendant lequel un adulte extrait un enfant d'une situation, à cause de son mauvais comportement, ceci afin d'aider l'enfant et l'adulte à reprendre tous les deux leur sang-froid.

L'un des avantages du temps calme est qu'il vous sépare de votre enfant quand les esprits s'échauffent, il vous permet à tous les deux de vous calmer. En revanche, si vous comptez uniquement sur lui pour le faire changer de comportement et que vous n'enseignez pas le comportement que vous attendez pendant un temps neutre (voir plus bas), votre enfant continuera de mal se comporter et passera donc une grande partie de sa journée en temps calme !

Un temps calme se déroule généralement ainsi : vous installez votre enfant sur une chaise ou dans une pièce, vous réglez le chronomètre de votre téléphone sur une durée (en général une minute par année d'âge jusqu'à un maximum de cinq minutes), et vous lui dites de rester là jusqu'à la sonnerie. S'il part avant, remettez le chronomètre en marche et redites-lui qu'il doit rester là jusqu'à la sonnerie. Répétez le processus jusqu'à ce qu'il reste en temps calme le temps voulu.

Quand vous utilisez le temps calme, dites : « Je suis désolé que tu sois obligé de quitter le jeu pour te calmer. » Puis, avec des gestes attentionnés, accompagnez-le à son temps calme et dites-lui, par exemple : « Je te demande de rester au calme pour réfléchir à ce que tu pourrais faire au lieu de taper ta sœur quand tu es en colère. »

Une fois le temps calme écoulé, demandez-lui : « Qu'est-ce que tu pourrais faire pour pouvoir continuer de jouer quand tu es en colère ? » Parlez des solutions. S'il vous dit : « Je ne sais pas » ou s'il ne semble pas avoir les mots pour décrire ce qu'il pense, suggérez-lui des idées. Dites, par exemple : « Utilise tes mots plutôt que tes poings » ou « Demande de l'aide à un adulte quand tu es en colère ». Une fois que vous avez terminé de parler à votre enfant des solutions à son problème, oubliez-le et n'en reparlez plus. Ce qui est fait est fait. Mieux vaut travailler à un avenir meilleur que s'appesantir sur le passé. Rappeler ses erreurs à un enfant ne fait que lui rappeler ce qu'il ne faut PAS faire au lieu de lui montrer ce que vous attendez de lui.

La loi de grand-maman

Accord contractuel qui stipule : « Quand tu auras fait X (ce que vous voulez que votre enfant fasse), tu pourras faire Y (ce que votre enfant veut faire). »

La loi de grand-maman s'exprime par le positif plutôt que par le négatif. Dites : « Si tu fais ceci, tu pourras faire cela », plutôt que : « Si tu ne fais pas ceci, tu ne pourras pas faire cela. »

Le temps neutre

Temps sans conflit, comme le moment, après une colère, où votre enfant joue calmement.

Le temps neutre est le meilleur moment pour enseigner un nouveau comportement, car votre enfant est calme et donc réceptif.

Les félicitations

Reconnaissance verbale d'un bon comportement, qui incite votre enfant à le reproduire régulièrement.

Félicitez toujours le comportement de votre enfant, pas votre enfant. Dites, par exemple : « Jolie construction ! » et non : « Bravo pour la tour que tu as construite. » Dans le deuxième cas, vous faites quelque chose que vous n'avez pas envie de faire – vous attribuez la valeur de votre enfant à son comportement. Vous ne voulez pas qu'il croie qu'il est quelqu'un de bien tant qu'il se comporte bien.

Nous pensons que tous les enfants sont fondamentalement bons. Leur comportement peut changer, ils n'en restent pas moins formidables. Féliciter votre enfant pour ce qu'il fait de bien lui rappelle vos attentes et renforce votre modèle de comportement, l'incitant ainsi à continuer de bien se comporter.

Le jeu du silence

Jeu amusant à jouer avec votre enfant au moment du coucher pour le dissuader de parler, de poser des questions, et plus généralement d'essayer de vous retenir pour retarder l'heure du coucher.

Pour lancer le jeu, dites simplement : « Jouons au jeu du silence. Voyons combien de temps tu peux rester silencieux. C'est parti ! » Puis attendez derrière la porte pendant soixante secondes avant de chuchoter : « Tu es vraiment silencieux. Je sais que tu vas remporter le jeu du silence. » Deux minutes plus tard, chuchotez : « Tu es tellement silencieux. » À ce stade, votre enfant sera endormi ou aura tellement envie de dormir qu'il voudra se coucher.

Vous pouvez aussi jouer à une variante du jeu du silence quand vous voulez que votre enfant reste calme dans des lieux comme les bibliothèques, les églises, les hôpitaux ou tous les endroits où la bienséance exige le silence. Dites simplement : « Nous jouons au jeu du silence maintenant. Voyons combien de temps tu peux rester silencieux. » Félicitez-le à voix basse pour son silence pour l'encourager à bien se comporter.

Les réprimandes

Brève déclaration qui inclut les instructions suivantes :

– l'ordre de cesser un comportement ;

– une raison de cesser un comportement ;

– un nouveau comportement qui remplace l'ancien.

Par exemple, vous pouvez dire à votre enfant : « Arrête de taper. Taper fait mal. Demande gentiment le ballon à ton copain. »

La règle

Une règle se définit de diverses manières, notamment celles-ci :

1. **l'attente d'un comportement donné ;**
2. **une frontière qui délimite un bon d'un mauvais comportement ;**
3. **une structure interne qui guide le bon comportement.**

Établir et appliquer des règles est une méthode de résolution de problème efficace. Les enfants se comportent mieux et se sentent plus en confiance quand leur monde est clairement délimité et quand ils peuvent anticiper les conséquences de leur comportement. Une règle devient alors une structure interne qui guide votre enfant en votre absence.

Dire à un enfant « La règle est X » l'aide à comprendre qu'il est important de respecter les règles. Et respecter les règles est une compétence que vous voulez qu'il apprenne aujourd'hui et qu'il pratique tout au long de sa vie.

Une règle comporte un résultat et des conséquences. Par exemple, l'une de vos règles peut être : « Nous mettons les vêtements sales dans le panier quand nous nous déshabillons. La maison reste ainsi bien rangée. » Pour aider votre enfant à se souvenir de cette règle, félicitez-le. Dites par exemple : « Merci de te souvenir de la règle du linge sale dans le panier. »

Si votre enfant ne se souvient pas de la règle, vous devez passer plus de temps à la lui répéter pour qu'il puisse l'appliquer.

Monologue intérieur

Ce que vous vous dites peut soit vous aider à résoudre une situation (monologue positif), soit l'aggraver (monologue négatif).

Si vous réussissez à vous calmer en période de stress en utilisant un monologue intérieur positif, vous aurez plus de chances d'être raisonnable et responsable dans vos actes. Le monologue positif est la capacité à dissocier la personne que vous êtes et votre comportement en disant par exemple: «Je suis une bonne personne même si je fais des erreurs en tant que parent.» Ce type de monologue positif vous aide à préparer votre réussite.

Le monologue intérieur positif évite les exagérations comme les mots *toujours* et *jamais*. Ne dites jamais, par exemple: «Ma fille tape TOUJOURS son frère» ou «Il ne m'écoute JAMAIS». *Toujours* et *jamais* signifient pour toujours et à jamais. Ce monologue n'est donc pas vrai. Un monologue positif juste serait: «Ma fille tape parfois son frère, et je gère.»

Le monologue intérieur positif vous aide également à éviter d'exagérer les événements et d'en faire des catastrophes en vous disant que vous ne pouvez pas le supporter. Dire, par exemple, «Je ne supporte pas que mon enfant pleurniche!» est une exagération, parce que non seulement vous avez supporté que votre enfant se plaigne, mais en plus vous pouvez continuer de le supporter. Si vous vous dites que vous ne le supportez pas, votre niveau de tolérance diminue fortement et vous risquez de mal réagir. Dans ce cas, un monologue intérieur positif serait : « Ces pleurnicheries ne vont pas me tuer et je gère, même si je n'aime pas ça. » En vous disant cela, non seulement vous supporterez plus longtemps les jérémiades, mais en plus, vous aurez davantage de chances de réagir plus efficacement au comportement de votre enfant.

Un monologue positif vous permet d'être calme et de baisser votre niveau de stress, tandis qu'un monologue négatif produit des émotions négatives puissantes comme la colère, la contrariété, l'anxiété et la peur – qui provoquent toutes une réaction de stress dans le cerveau et bloquent votre faculté de résolution des problèmes. Le monologue positif évite également l'usage des exagérations telles que les mots *doit* et *devrait*, qui sous-entendent des exigences que vous ne pouvez pas remplir, comme « Je *devrais* être un meilleur parent ». Quand vous vous dites « J'aimerais être un meilleur parent », vous limitez votre ambition et vous en faites un souhait, ce qui est un objectif plus raisonnable et plus accessible.

Parfois, les parents se sabordent eux-mêmes avec un monologue qui les encourage à faire comme tout le monde. Par exemple, si les parents d'un ami de votre enfant laissent votre enfant faire du trampoline sur un lit, vous pouvez vous sentir obligé de faire de même en vous disant que ce serait horrible de ne pas faire partie du « club des bons parents ». Alors, pour faire comme tout le monde, vous laissez votre lit se transformer en trampoline. Ce monologue sous la pression de ses pairs peut être inoffensif, comme quand vous achetez une marque de beurre de cacahuète parce que d'autres parents le font. Mais il peut aussi être dangereux s'il vous pousse à crier ou à donner une fessée à votre enfant, pour faire comme les autres.

Pour enseigner à votre enfant le monologue positif, donnez l'exemple de votre propre monologue positif en parlant tout haut quand vous êtes confronté à une situation difficile. Par exemple, s'il renverse du lait et que votre monologue est automatiquement « C'est horrible ! Quelle catastrophe ! », passez en mode monologue positif et dites tout haut : « Ce n'est rien. Allons prendre une éponge pour nettoyer. » Donner l'exemple d'un monologue calme et constructif aidera votre enfant à ne pas prendre la mauvaise habitude d'exagérer les événements en les qualifiant d'horribles et de terribles plutôt que de les traiter avec réalisme de tolérables et de réparables.

5.
À vous de jouer !
Solutions aux 43 problèmes de comportement les plus courants chez l'enfant

« Il n'y a que deux héritages durables que nous pouvons espérer transmettre à nos enfants. Le premier, ce sont des racines. Le second, ce sont des ailes. »

GOETHE

Pour chacun des problèmes de comportement abordés dans ce chapitre, nous avons articulé la solution autour de quatre parties, dont l'une est divisée en deux sous-parties qui expliquent clairement quoi faire et ne pas faire. Voici un aperçu de chaque partie :

Définition du problème : chaque solution commence par un rapide exposé des raisons pour lesquelles le problème de comportement en question est courant et normal chez les jeunes enfants, et ce qui le motive.

Prévention du problème : nous suggérons ensuite des solutions concrètes pour organiser votre vie et la vie de votre enfant en vue de réduire la fréquence et la durée du problème comportemental.

Résolution du problème : nous proposons ici des conseils pratiques pour vous aider à résoudre le problème de comportement sous forme d'instructions aussi claires que possible : *À faire* et *À ne pas faire*.

À FAIRE : pour résoudre plus efficacement le problème posé, considérez chaque suggestion À faire comme un remède contre un certain comportement que vous voyez comme un problème. Le principe qui doit guider le changement de comportement des enfants est d'essayer d'abord la stratégie la plus simple. Ce qui signifie généralement montrer à votre enfant quoi faire et l'encourager à le faire. Si ça ne marche pas, passez à la stratégie suivante, un peu plus complexe, et procédez ainsi jusqu'à trouver la suggestion À faire qui fonctionne.

À NE PAS FAIRE : il est tout aussi important de savoir ce qu'il ne faut *pas* faire face à chacun des comportements que vous voyez comme un problème. Soyez particulièrement attentif aux suggestions À ne pas faire. Elles vous aideront à empêcher certains problèmes comportementaux de se reproduire, de s'aggraver ou de créer d'autres problèmes.

Gardez à l'esprit que parents et enfants étant des individus, selon les situations, certains mots et actions sembleront plus naturels à certaines personnes qu'à d'autres. Sentez-vous libre de changer un ou deux mots aux phrases suggérées si vous n'êtes pas à l'aise avec ceux que nous proposons. Les jeunes enfants ont une conscience aiguë et une grande sensibilité aux sentiments et aux réactions subtiles de leurs parents et des membres de leur équipe éducative. Vous devez donc être crédible dans ce que vous dites et ce que vous faites. Vos enfants n'en seront que plus disposés à accepter votre discipline.

Les solutions proposées dans ce livre sont destinées à montrer à votre enfant le type de respect que vous témoignez aux autres sous votre toit. Les enfants apprennent le respect en étant eux-mêmes traités avec respect. Traitez votre enfant comme si c'était un invité. Cela ne signifie pas qu'il ne doit pas respecter les règles ; cela signifie que vous devriez l'y encourager avec gentillesse et respect.

la quatrième et dernière partie de chaque solution est une étude de cas où l'on observe une famille qui a mis en place les stratégies *À faire* et *À ne pas faire* pour résoudre le problème comportemental en question.

L'agressivité et la violence

Définition du problème

Quand les enfants lancent des jouets, se moquent ou se jettent eux-mêmes contre les cibles les plus proches sous le coup de la contrariété, de la colère ou du besoin de dominer un autre enfant ou un adulte, il est rare que nous parlions de *violence*. Pourtant, c'est bien ce dont il s'agit.

Être violent, c'est chercher à dominer ou à intimider l'autre, ou être agressif en cherchant à effrayer, à terroriser ou à dominer. Être violent, c'est notamment taper, mordre, griffer, pincer, lancer, injurier et se moquer.

De la même manière que la fessée est une forme de violence qui peut « marcher » à court terme – l'enfant qui reçoit la fessée fera ce que vous voulez qu'il fasse par peur –, l'agressivité et la violence peuvent aider l'enfant à parvenir à ses fins à court terme. Mais ce n'est pas une solution à long terme quand il est en colère ou énervé, ou pour obtenir ce qu'il veut.

Il est important que l'adulte attentionné et protecteur que vous êtes enseigne très tôt à votre enfant que ce comportement est blessant et donc inacceptable. L'empêcher d'être agressif et violent doit être votre priorité numéro un. Apprenez-lui à réguler ses émotions quand il est en colère et qu'il veut exercer son pouvoir pour obtenir ce qu'il veut.

Remarque : si l'agressivité et la violence font partie du comportement de votre enfant au quotidien et perturbent ses amis, sa famille et vous-même, consultez un spécialiste pour en comprendre les causes. Sachez que les enfants qui reçoivent plus de deux fessées par mois à l'âge de trois ans ont deux fois plus de risques d'être agressifs à l'âge de cinq ans. Pour éviter la violence, évitez la fessée.

Prévention du problème

Faites preuve de compréhension et d'empathie

On ne peut être à la fois empathique et violent. Quand votre enfant est agressif, essayez de vous mettre à sa place pour comprendre sa motivation. Puis aidez-le à mesurer ce qui se passe chez les autres quand il est agressif. Dites-lui par exemple : « Je comprends que tu sois énervé, mais que crois-tu que James ressente quand tu lances ce camion sur lui ? »

Parler des sentiments et du mal que peuvent faire les mots l'aidera à se recentrer sur l'impact de ses mots sur les autres. Vous pouvez aussi raconter ce que vous avez ressenti le jour où quelqu'un vous a dit des méchancetés.

Surveillez de près votre enfant quand il joue

Pour empêcher votre enfant d'apprendre l'agressivité auprès des enfants de son âge, observez le comportement qu'ils ont les uns avec les autres et le soin qu'ils apportent à leurs jouets. Ne laissez pas un comportement agressif provoquer des blessures ou des dégâts. Et réagissez à l'agressivité des amis de votre enfant comme vous le feriez avec votre propre enfant.

Gardez votre sang-froid

Utiliser la violence – la fessée, les cris, les gifles ou les menaces – quand vous êtes énervé ou en colère contre votre enfant ou quiconque ne fait que lui dire que la violence est normale. Souvenez-vous que votre enfant a une réaction au stress nuisible et toxique quand il se sent menacé par votre réaction agressive à son comportement agressif! Faire preuve de sang-froid quand votre enfant semble en manquer va non seulement lui donner l'exemple d'un comportement positif, mais aussi vous aider à lui apprendre à ne pas s'en prendre aux autres quand il est en colère.

Évitez les médias violents

La violence à l'écran peut inciter votre enfant à imiter ce qu'il voit sans comprendre que, dans la vraie vie, les actes violents font réellement mal. Elle provoque également chez lui une réaction au stress toxique et dangereuse pour les fonctions cérébrales (voir chapitre 2, page 29).

Résolution du problème

À FAIRE

Expliquez-lui les mots et les noms qu'il peut et ne peut pas utiliser

Avez-vous bien parlé à votre enfant des mots et des noms qui blessent avant d'attendre de lui qu'il les connaisse ? Expliquez-lui, par exemple, que la règle est qu'il n'est pas acceptable de qualifier quelqu'un de « stupide » ou de lui dire de se taire, même si certains le font à la maternelle, à la crèche ou à la télévision.

Demandez des excuses

Demander à son enfant de s'excuser d'avoir insulté quelqu'un lui apprend à éprouver de l'empathie pour la personne qu'il a blessée. Utilisez la loi de grand-maman et dites : « Tu pourras retourner jouer quand tu auras dit à ton ami que tu es désolé de l'avoir insulté. »

Éloignez votre enfant

Quand votre enfant montre de l'agressivité, il est important de couper immédiatement court à son comportement et de l'éloigner de la situation. Prendre un petit temps calme va apaiser la colère à l'origine de son agressivité et vous permettre de discuter tranquillement du sujet avec lui. Demandez-lui de dire ce qu'il peut faire d'autre que de taper quand il est en colère. S'il n'y arrive pas, suggérez-lui de demander de l'aide à un adulte ou de dire aux autres enfants : « Je ne joue plus » et de quitter le groupe tout simplement. Demandez-lui de s'entraîner à répéter ces phrases et ces actions cinq fois, jusqu'à ce qu'elles lui soient familières. Sa pensée se traduit ainsi en action.

Voyez avec lui ce qu'il peut faire d'autre qu'être agressif quand il est en colère

Apprivoisez l'agressivité de votre enfant en commençant par lui expliquer que toute forme de violence – pincer, frapper, mordre, lancer, pousser ou se moquer – est mauvaise. Puis montrez-lui et expliquez-lui (même s'il a moins d'un an et qu'il vous tape pendant que vous le changez) le comportement que vous attendez de lui quand il est en colère. Souvenez-vous que les garçons ont plus de chances d'être agressifs, comme nous l'avons dit dans « Garçons-filles : comprendre la différence », page 44.

Si votre enfant n'est pas encore capable de résoudre verbalement les problèmes avec vous, il est indispensable de l'observer de près et de l'orienter vers d'autres types de jeux *avant* que sa colère ne dégénère en agressivité.

Félicitez-le de bien s'entendre avec les autres

Pour expliquer ce que vous entendez par bien s'entendre avec les autres, dites à votre enfant que vous appréciez son comportement quand il partage, attend son tour, demande de l'aide et autres. Dites, par exemple : « Tu as bien partagé avec tes amis, mon chéri/ma chérie. » Soyez toujours précis dans vos compliments. Plus vous félicitez son comportement, plus il se répétera.

Réprimandez-le

Réprimander votre enfant l'aide à comprendre quels comportements vous désapprouvez et pourquoi. Vous lui montrez également que vous respectez sa capacité à comprendre vos raisons de désapprouver son comportement. Si votre enfant tape, une réprimande efficace s'articulera en trois parties :

1. Dites à votre enfant d'arrêter. (« Arrête de taper ! »)
2. Expliquez les raisons de votre désapprobation. (« Ça fait mal ! »)
3. Suggérez une autre option acceptable. (« Quand tu es en colère, quitte le groupe. »)

Une fois l'incident passé, oubliez-le

Rappeler à son enfant ses précédentes erreurs ne lui apprend pas à bien se comporter. Au contraire, cela lui rappelle qu'il pourrait être à nouveau agressif.

À NE PAS FAIRE

Attention aux insultes et aux étiquettes

Il est tellement énervant d'être insulté qu'il est facile de répliquer sur le même ton. Dire, par exemple, « Tu es nul ! Tu devrais être suffisamment intelligent pour ne pas insulter les autres » donne à votre jeune enfant le feu vert pour répéter vos insultes. Canalisez plutôt votre colère en expliquant comment et pourquoi vous êtes énervé. Si vous lui dites que ses mots sont inacceptables et si vous lui montrez comment vous aimeriez qu'il se conduise quand l'envie lui prend de proférer des insultes, il apprendra.

Ne punissez pas les insultes

Si vous punissez votre enfant pour ses insultes, il ne fera qu'éviter d'en dire quand vous êtes dans les parages. Au lieu d'apprendre que les insultes sont méchantes, il apprendra qu'il doit éviter d'être entendu. Le comportement puni ne disparaît pas ; il est juste caché.

Ne montrez pas l'exemple de l'agressivité et des insultes

Insulter un conducteur qui vous coupe la route dira à votre enfant qu'il peut insulter les autres quand il est en colère. Pour apaiser votre propre colère et montrer l'exemple de l'autorégulation à votre enfant, essayez de dire : « Il est dangereux de couper la route. J'espère que l'autre conducteur n'aura pas un accident avant d'arriver à destination. »

N'utilisez pas la violence pour faire cesser la violence

Gifler ou donner une fessée à votre enfant ne fait que l'autoriser à taper les autres dans des circonstances similaires, et le frapper provoque une réaction au stress toxique susceptible de provoquer chez lui des problèmes de comportement et de santé et des troubles cognitifs (voir chapitre 3, page 47).

MIKE À L'ATTAQUE

À l'âge de trois ans, Mike Morgan fut surnommé l'attaquant du quartier. Il avait beaucoup d'entraînement avec ses deux frères aînés qui le tyrannisaient et le taquinaient sans arrêt. Vivian Morgan usait de menaces pour faire cesser son agressivité. Elle lui disait : « Si tu n'arrêtes pas de frapper, Mikey, je vais te donner une fessée. » Elle savait pourtant qu'elle ne mettrait jamais sa menace à exécution. La seule idée de taper un enfant lui hérissait le poil. Pour elle, taper son enfant pour qu'il cesse de taper n'avait pas de sens !

Dans le même temps, la tyrannie qu'exerçaient sur lui ses frères aînés de cinq et sept ans ne semblait pas l'embêter. En fait, sa famille plaisantait souvent sur toutes sortes de sujets et, pour elle, les moqueries des grands permettaient de ne pas se prendre trop au sérieux. En plus, elles endurcissaient Mikey et le préparaient à affronter le monde froid et cruel – tel était son raisonnement.

Mais le père de Mikey n'était pas de cet avis. « Comment crois-tu que Mikey vive toutes ces moqueries ? » lui demanda-t-il un jour. Elle avait beau ne pas vouloir l'admettre, Vivian n'avait jamais considéré la situation du point de vue de Mikey. Elle ne s'était jamais dit qu'il ripostait à ses frères parce qu'il ne pouvait pas répondre à leurs attaques verbales. Elle lui avait souvent conseillé d'utiliser la parole et de dire : « Je n'aime pas les moqueries. » Sans succès. Les mots ne suffisaient pas à faire cesser la tyrannie de ses frères.

Elle décida donc d'apprendre aux trois garçons que les insultes, les coups et les moqueries ne seraient plus tolérés. Pour elle, c'était le seul moyen d'apprendre aux aînés à donner l'exemple d'un bon comportement et d'apprendre à Mikey à mieux choisir son attitude vis-à-vis de ses frères. Donc, quand Mikey se mit à attaquer ses frères qui venaient de le traiter d'« Oscar le Grincheux », Vivian commença par le réprimander. Elle lui dit : « Arrête de taper, Mikey. Ça fait mal. On ne tape pas les autres. » Puis elle réprimanda ses frères : « Arrêtez de vous moquer de lui. On ne se moque pas des autres. C'est blessant. »

Ces réprimandes ne mettant pas fin aux attaques verbales et physiques des garçons, Vivian ajouta : « Je suis désolée que vous continuiez à vous taper et à vous moquer les uns des autres. Prenons un temps calme ! » Puis elle plaça les garçons sur trois chaises et leur demanda de réfléchir à ce qui venait de se passer et aux moyens d'éviter que cela se reproduise.

De ce jour, Vivian instaura une discipline cohérente et félicita les garçons quand ils s'entendaient bien. Ils surent ainsi ce qui les attendait quand ils se battaient et quand ils étaient gentils les uns avec les autres. Mikey se mit à moins taper ses frères puisqu'il n'avait plus à supporter leurs moqueries. Quant aux aînés, ayant appris que leurs moqueries faisaient du mal, ils montrèrent plus d'empathie.

Le manque de politesse

Définition du problème

La politesse est importante, car elle instaure un environnement de travail et de jeu attentionné. C'est même la règle sociale fondamentale que chacun doit respecter pour éviter d'offenser l'autre, intentionnellement ou non. En somme, la politesse aide chacun de nous à se sentir bien et en confiance avec les autres.

Pour toutes sortes de raisons, il n'est pas facile d'enseigner la politesse aux jeunes enfants. Pour commencer, ils sont très égocentriques. Ils ne pensent généralement qu'à leurs propres besoins. Les besoins des autres passent après. Mais même si la politesse ne semble pas importante pour votre enfant et son esprit « moi-d'abord », lui enseigner la politesse, c'est aussi l'aider à comprendre ce que ressentent les autres et l'impact de son comportement sur eux.

Mais comment lui enseigner la nécessité de dire « excuse-moi » quand il interrompt quelqu'un ? Comment lui apprendre à dire « s'il te plaît » et « merci » ? Voici quelques stratégies à mettre en œuvre en restant toujours attentionné et respectueux.

Prévention du problème

Commencez tôt

Avant même que votre enfant puisse dire les mots s'il te plaît et merci, plantez le décor en les utilisant vous-même. Quand vous changez sa couche, quand vous lui donnez son bain, quand vous le faites manger, montrez-lui la politesse en décrivant vos gestes. Dites, par exemple : « Merci de jouer si gentiment dans ton bain, Johnny ! » Votre enfant est tout ouïe !

Résolution du problème

À FAIRE

Fixez des règles de politesse

En restant simple, commencez à lui apprendre la politesse en soulignant quelques règles, comme les moments où dire s'il te plaît et merci.

Donnez l'exemple

Il est également utile de lui montrer votre propre politesse. Vous pouvez dire : « Pose le livre sur la table, s'il te plaît. Tu vois, je dis *s'il te plaît* parce que c'est la règle. C'est une manière polie de demander à quelqu'un de faire quelque chose. C'est la politesse. »

Faites l'éloge de la politesse

Quand votre enfant respecte la règle de la politesse, dites-lui à quel point c'est agréable quand il dit s'il te plaît et merci. Et ajoutez que la politesse donne aux autres le sentiment d'être respectés. Félicitez-le s'il se tient bien à table. Dites par exemple : « Tu tiens tellement bien ta cuillère » ou « Merci de fermer la bouche en mangeant ».

Entraînez-vous à la politesse

Pour les enfants, le jeu est un apprentissage de la vie. Donc, faire semblant de prendre le thé est l'occasion d'introduire la notion de politesse et de montrer l'exemple en s'amusant. Reste ensuite à transposer cette politesse à table.

Reprenez le manque de politesse

Quand votre enfant oublie la politesse, dites-lui : « Tu te souviens de la règle : on mange avec la fourchette, pas avec les mains » ou « Tu te souviens que l'on dit merci quand quelqu'un fait quelque chose de gentil pour nous ».

À NE PAS FAIRE

Ne faites pas de réflexions

Ne dites pas : « Combien de fois dois-je te dire de fermer la bouche en mangeant ? » Les réflexions n'inciteront pas votre enfant à suivre vos règles. Elles ne font que lui apprendre à ne pas vous écouter et à faire des réflexions aux autres pour les motiver. Elles ne lui apprennent pas à apprécier ou à faire preuve de politesse.

Ne le dénigrez pas et ne lui faites pas honte

Ne dites pas : « Tu manges comme un cochon » ou « Tu n'as pas honte de ne pas avoir dit merci à ta grand-mère quand elle t'a donné un bonbon ? ». Dénigrer et faire honte à un enfant ne lui apprend pas la politesse. Essayer de motiver un enfant en lui faisant honte lui dit que votre amour est conditionnel et que vous ne l'aimez que s'il respecte vos règles.

Ne faites pas du repas une guerre de politesse

Plutôt que d'aboyer continuellement des ordres à votre enfant pour qu'il se tienne bien – et répéter « tiens-toi droit ! »,

« Utilise ta fourchette ! » ou « Mets ta serviette ! » –, félicitez ses petits progrès en disant : « J'aime bien ta manière de planter ta fourchette. C'est tellement agréable de te voir manger le brocoli avec ta fourchette plutôt qu'avec tes doigts. »

MIA APPREND LA POLITESSE

À l'âge de deux ans et demi, Mia commençait à se comporter comme une grande, mais selon Lillian et Thomas, ses parents, elle n'avait pas un comportement très civilisé. Quand ils essayaient de dîner avec elle en l'installant dans un rehausseur pour qu'elle puisse être à table avec eux, elle détachait sa sangle de sécurité et montait sur la table pour reprendre de la nourriture qu'elle s'enfonçait dans la bouche jusqu'à ce qu'elle soit tellement pleine que Lillian et Thomas craignaient qu'elle ne s'étouffe. Quand ils essayaient de l'empêcher de se détacher, elle hurlait à n'en plus finir. Quand ils lui promettaient un dessert, mais qu'elle ne faisait pas ce qu'elle avait dit, elle poussait les hauts cris. Le repas était une bataille. Et dîner dehors était hors de question.

« Peut-être que nous avons commencé trop tôt à lui inculquer la politesse », suggérait Thomas.

« Peut-être, mais elle apprend tellement vite. Elle est sûrement capable d'apprendre la politesse de base », répondait Lil.

Les parents de Mia décidèrent de réessayer, en commençant toutefois par quelques séances d'entraînement. Ils installaient Mia dans le rehausseur et Lil se tenait derrière elle et guidait sa main et sa cuillère à sa bouche tandis que Thomas la félicitait pour son effort.

« Regarde, disait-il, comme Mia mange bien avec sa cuillère. »

Quand Mia commença à utiliser sa cuillère correctement, Lillian et Thomas se mirent à féliciter ses petites bouchées, puis lui montrèrent comment demander à être resservie et dire s'il te plaît. Il fallut du temps, mais Mia finit par bien se tenir à table et à être félicitée pour ses efforts. Et les repas redevinrent un moment agréable.

Le bain et le change

Définition du problème

Il est courant et même prévisible que les jeunes enfants détestent la toilette. Dites-vous que vous n'êtes pas seul à l'heure du change et du bain, et essayez de faciliter la toilette en détournant l'attention de votre enfant (par exemple en chantant des chansons et en racontant des histoires) et en félicitant toute coopération (même si cela se résume à vous passer le savon).

Si vous pensez que votre enfant sera moins réfractaire au bain en grandissant, réfléchissez-y à deux fois. Certains enfants refusent d'interrompre leurs jeux pour faire quelque chose d'aussi pénible que se laver. L'âge ne facilite pas forcément la toilette.

Remarque : faites la distinction entre les réactions de votre enfant aux produits qui l'irritent (qui lui brûlent les yeux, par exemple) et les cris qui vous disent qu'il n'aime pas être lavé pendant qu'il joue dans son bain. La plupart des parents voient la différence entre les cris de détresse et les cris de colère, de contrariété ou de désir d'attention. Les cris de détresse ne changent pas d'intensité ou de durée, même quand les parents interviennent ou que d'autres distractions surviennent. Les autres cris prennent généralement la forme de courtes salves entrecoupées de pauses pendant lesquelles l'enfant écoute la réaction de ses parents ou des autres membres de son équipe éducative. Si nécessaire, abandonnez les produits qui irritent physiquement votre enfant et optez pour des produits recommandés par les professionnels.

Prévention du problème

Trouvez un compromis sur l'heure et le lieu de la toilette

Soyez flexible sur la toilette, notamment sur l'endroit où vous changez votre enfant (par exemple sur le canapé ou debout) et sur l'heure de son shampoing et de son bain. Pour éviter qu'un enfant ne rechigne à la toilette, faites-la le plus possible à un moment où il n'aura pas à interrompre son activité préférée.

Impliquez votre enfant

Aidez votre enfant à jouer un rôle dans la toilette ou le change. Demandez-lui de vous apporter ce qu'il peut porter (selon son âge, ses aptitudes et sa capacité à suivre les instructions). Laissez-le prendre son jouet ou sa serviette préférée, par exemple, pour lui donner un sentiment de contrôle sur le rituel de la toilette.

Prévenez-le

Prévenez votre enfant qu'il va prendre son bain, par exemple, pour que la transition entre le moment du jeu et le moment du bain soit moins brutale. Dites : « Quand tu entendras la sonnerie, ce sera l'heure du bain » ou « Dans quelques minutes, nous allons changer ta couche » ou encore « Quand tu auras fini ton livre, ce sera l'heure d'aller prendre ton bain ».

Rassemblez le matériel avant de commencer

Si votre enfant est trop jeune pour vous aider à préparer le bain, assurez-vous que vous avez tout sous la main avant de commencer sa toilette. Vous éviterez ainsi les retards inutiles et vous minimiserez les contrariétés des deux côtés.

Adoptez une attitude positive

Si vous annoncez l'heure du bain comme s'il s'agissait d'une peine de prison, votre enfant relèvera la crainte dans votre voix. Si votre ton est anxieux ou inquiet, vous sous-entendez que c'est aussi horrible qu'il le pensait. Votre attitude est contagieuse. Affichez celle que vous aimeriez qu'il imite.

Transformez la baignoire en océan d'aventure

Les jouets d'eau, les tasses et les pichets rendront l'heure du bain beaucoup plus amusante. Mais attention, si un jeune enfant a une tasse à la main, il risque de boire l'eau du bain !

Résolution du problème

À FAIRE

Restez calme et ignorez le bruit

Face à un enfant en colère, le calme est contagieux. Ne faites pas attention au bruit – continuez de vous occuper et d'aimer votre enfant tout en lui donnant son bain. Il apprendra que le bruit n'arrête pas la toilette – ce qui est son but. Dites-vous : *Je sais que mon enfant doit être changé. Si je ne fais pas attention au bruit qu'il fait, je serai plus rapide et plus efficace.*

Amusez-vous

Distrayez votre enfant en parlant, en jouant, en récitant des comptines ou en chantant. S'il est trop jeune pour participer verbalement, ce sera un monologue.

Encouragez votre enfant à vous aider et félicitez-le

Demandez-lui de se laver lui-même le ventre, de prendre le savon ou d'ouvrir une couche (si vous avez le temps) pour lui donner le sentiment de prendre en main et de participer à sa propre hygiène. Même le plus petit signe de coopération mérite des félicitations.

Là encore, couvrez-le de paroles d'encouragement. Plus votre enfant reçoit d'attention quand il agit comme vous le souhaitez, plus il répétera cette action pour recevoir votre attention. Dites : « J'aime vraiment ta manière de mettre du shampoing sur tes cheveux » ou « C'est formidable comme tu te tiens bien assis dans la baignoire » ou « Merci de rester bien sagement allongé pendant que je change ta couche ».

Appliquez la loi de grand-maman

Dites à votre enfant que, quand il aura fait ce que vous voulez qu'il fasse (comme prendre son bain), il pourra faire ce qu'il a envie de faire (comme lire une histoire). Dites : « Quand tu auras fini ton bain, je te lirai une histoire » ou « Quand nous aurons fini, nous pourrons jouer avec tes cubes ».

Persistez dans la tâche en cours

Malgré les coups de pied, les cris et les hurlements, soyez déterminé à terminer la toilette. Plus votre enfant verra que ses cris ne vous empêchent pas de le laver, plus il comprendra que vous irez plus vite s'il fait le choix d'opposer moins de résistance.

Complimentez votre enfant quand vous avez fini

Dites-lui à quel point il est beau et il sent bon. Demandez-lui d'aller se voir dans la glace. Il verra pourquoi il a besoin d'un bain ou d'une couche propre. Lui apprendre à être fier d'être propre l'aidera à faire de la propreté une priorité.

À NE PAS FAIRE

Ne l'obligez pas à coopérer

Ce n'est pas parce que vous exigerez que votre enfant soit changé qu'il va rester tranquillement allongé. Ne le punissez pas pour son manque de coopération. Être vous-même dur et brutal ne fait que lui apprendre à être lui aussi dur et brutal.

Ne faites pas de la toilette un moment pénible

Essayez de lui rendre la toilette la plus agréable possible. Donnez-lui des serviettes qu'il peut utiliser pour s'essuyer les yeux, testez la température du bain, enveloppez-le dans un peignoir en sortant de l'eau, etc.

Ne supprimez pas la toilette

Ce n'est pas parce que votre enfant résiste que vous devez reculer. Sa résistance peut être surmontée à force de persévérance, de pratique et de patience.

UN OCÉAN DE PLAISIR

Carol et Phil Porter donnaient son bain et faisaient son shampoing à Lauren, leur fille de deux ans, comme le faisaient la plupart des autres parents. Mais ils se demandaient si quelque chose n'allait pas avec Lauren, car elle criait et se débattait tous les jours pendant la toilette. Ils n'avaient jamais rencontré ce problème avec leur autre fille, Elizabeth, et aucun de leurs amis ne s'était jamais plaint.

Les Porter en parlèrent à leur pédiatre, qui leur assura que le savon, l'eau et les serviettes n'étaient ni nocifs ni irritants. Phil était partisan d'une plus grande sévérité, mais ils finirent par se dire que la meilleure approche était de rendre la toilette plus agréable pour Lauren. La seule activité aquatique qu'elle aimait était de se baigner dans l'océan Pacifique pendant les vacances d'été. Les Porter décidèrent donc de donner au bain le nom d'Océan de plaisir.

Ce soir-là, ils réglèrent le chronomètre du téléphone sur l'heure où il était temps d'aller à l'« océan ». (Bien sûr, le téléphone resta LOIN de l'eau !) Pendant leurs voyages en Californie, ils mettaient toujours le chronomètre à sonner à l'heure où ils pouvaient aller à l'océan parce que Lauren réclamait tout le temps d'aller dans l'eau. Ils espéraient que cette technique serait aussi utile chez eux, à Minneapolis.

« Quand tu entendras la sonnerie, il sera l'heure de jouer à l'Océan de plaisir, expliqua Carol. En attendant, finissons de lire ce livre. » Quand la sonnerie retentit, Lauren et sa mère prirent les serviettes et le savon, et Lauren posa des questions enthousiastes sur ce nouveau jeu. Lauren souriait de plaisir en suivant sa mère jusqu'à la salle de bains, où elle découvrit l'« océan » le plus bleu qu'elle avait jamais vu (résultat d'un bain moussant coloré) et des petits bateaux naviguant autour d'un navire porteur d'un flacon de savon (achetés par Carol pour pimenter l'expérience).

Lauren sauta dans le bain sans avoir besoin d'y être poussée ni même invitée et se mit à jouer. Sa mère entonna alors une chanson à propos d'un remorqueur et donna à Lauren une noix de shampoing pour qu'elle se lave elle-même les cheveux pour la première fois. La toilette se poursuivit sans cris ni hurlements – mais avec quelques éclaboussures. Carol donna chaque jour le bain à Lauren dans cet océan et lui apprit à moins éclabousser, à se laver minutieusement et à apprécier ce moment.

Le coucher

Définition du problème

Les jeunes enfants actifs et énergiques font souvent tout pour éviter de dormir. Ils transforment l'heure du coucher ou de la sieste en course-poursuite, en pleurs ou en lis-moi-encore-un-livre – tout cela pour reporter le coucher tant redouté. Peu importe l'heure à laquelle votre enfant pense qu'il peut aller se coucher, restez ferme sur celle que vous avez choisie. Mais aidez-le à se détendre progressivement au lieu de l'obliger à couper instantanément le moteur.

Remarque : le besoin de sommeil de votre enfant évolue avec l'âge. En grandissant, vous pourrez le laisser veiller un peu plus tard ou écourter sa sieste. Tous les enfants (même ceux d'une même famille) n'ont pas les mêmes rythmes de sommeil au même âge. Votre petit de deux ans n'a peut-être pas le même besoin que son frère aîné au même âge.

Prévention du problème

Instaurer une routine du coucher

Pour terminer la journée ou entamer une sieste en instaurant un sentiment spécial entre vous et votre enfant, créez un rituel où vous lui récitez un poème ou lui racontez une histoire. Faites du coucher un moment particulier qu'il finira par attendre avec impatience. Essayez de lui raconter un passage de son livre préféré ou de parler des événements de la journée, même si c'est à sens unique.

Les rituels sont importants. Ils permettent aux enfants de prévoir ce qui va se passer. Rien ne vous empêche de prolonger ou de raccourcir le rituel, du moment que les événements suivent le même ordre – par exemple : on se déshabille, on prend son bain, on se met en pyjama, on raconte une histoire, puis une chanson, un bisou et extinction des feux.

Faites de l'activité physique une habitude quotidienne

Assurez-vous que votre enfant se dépense dans la journée. Son corps dira ainsi à son esprit que c'est une bonne idée d'aller au lit.

Maintenez un horaire de sieste assez régulier

Ne laissez pas votre enfant repousser indéfiniment l'heure de la sieste en espérant qu'il ira ensuite se coucher à vingt heures. Mettez-le à la sieste assez tôt dans la journée pour qu'il soit à nouveau fatigué à l'heure du coucher.

Passez du temps ensemble avant le coucher

Jouez avec votre enfant avant d'aller le coucher pour l'empêcher de repousser l'heure du coucher uniquement pour attirer votre attention. Faites un jeu calme et tranquille plutôt qu'un jeu bruyant que vous expédiez.

Instaurez un sommeil régulier

Sachez de combien de sommeil votre enfant a besoin en observant son attitude quand il a ou n'a pas fait de sieste et quand il va au lit à neuf heures plutôt qu'à sept heures. Instaurez une heure de coucher régulière qui répond à ses besoins et ajustez-la à mesure qu'il grandit.

Résolution du problème

À FAIRE

Utilisez le chronomètre de votre téléphone pour gérer le rituel du coucher

Une heure avant le coucher (ou la sieste), réglez votre chronomètre sur cinq minutes et annoncez que le téléphone dira à votre enfant quand l'heure sera venue de commencer à se préparer à aller au lit. Vous éviterez ainsi d'être pris au dépourvu et vous lui permettrez d'anticiper les événements à venir.

Quand la sonnerie retentit, dites : « Le téléphone dit que c'est l'heure de commencer à se préparer à aller au lit. Allons prendre ton bain et te mettre en pyjama. » Puis réglez à nouveau le chronomètre sur environ quinze minutes pour le bain. Quand la sonnerie retentit, dites : « Le chronomètre dit que c'est l'heure de sortir de la baignoire. Maintenant, voyons si tu peux le battre pour te mettre en pyjama. » Vous pourrez ainsi féliciter ses efforts pour effectuer le rituel du coucher.

Prévoyez suffisamment de temps pour le laisser faire ce qu'il a à faire

Quand le rituel est terminé, réglez à nouveau le téléphone jusqu'à la fin de l'heure que vous avez prévue et annoncez : « Tu as gagné contre le chronomètre. Maintenant, tu peux jouer jusqu'à ce que le téléphone sonne à nouveau et nous dise qu'il est l'heure d'aller au lit. Réglons le chronomètre pour se brosser les dents, boire un verre d'eau et aller sur le pot (si votre enfant est assez grand). » Le rituel du chronomètre vous aide, vous et votre enfant, à faire de l'heure du coucher un jeu et non un combat.

Suivez les mêmes rituels, peu importe l'heure

Si l'heure du coucher a été retardée pour une raison ou pour une autre, effectuez quand même les mêmes rituels pour aider votre enfant à intégrer ce que vous attendez de lui à l'heure d'aller se coucher. Ne lui dites pas qu'il a veillé tard. Accélérez le rythme en l'aidant à enfiler son pyjama et à boire, et réglez le chronomètre à des intervalles plus courts. Mais ne sautez aucune des étapes. Les enfants aiment les rituels.

Suivez le même ordre des événements

La constance rassure les jeunes enfants. Faites que votre enfant prenne son bain, se brosse les dents et enfile son pyjama dans le même ordre chaque soir. Demandez-lui de nommer l'étape suivante du rituel. Vous l'aiderez ainsi à transformer la préparation au coucher en un jeu et à avoir le sentiment de mener la danse.

Accordez-lui des privilèges pour être allé au lit

Enseignez à votre enfant qu'il vaut la peine d'aller au lit à l'heure. Dites-lui : « Comme tu es allé au lit à l'heure, je vais te lire une autre histoire. »

À NE PAS FAIRE

Ne laissez pas votre enfant contrôler l'heure du coucher

Respectez l'heure de coucher que vous avez choisie malgré sa résistance. Souvenez-vous que vous savez pourquoi il ne veut pas aller au lit – et pourquoi il devrait y aller. Dites-vous : « Il pleure uniquement parce qu'il ne veut pas arrêter de jouer, mais je sais qu'il jouera mieux plus tard s'il dort maintenant. »

Ne le menacez pas

Menacer votre enfant pour qu'il aille au lit peut provoquer des cauchemars et des peurs, en plus de vous contrarier. Punir un enfant ne lui apprend pas à bien se comporter. Ayez recours à l'autorité neutre du chronomètre de votre téléphone pour dire quand vient l'heure d'aller se coucher.

Ne lui rappelez pas ses erreurs passées

Dire « Comme tu n'es pas allé au lit à l'heure hier soir, tu ne peux pas faire de l'ordinateur ce matin » n'apprend pas à votre enfant à aller se coucher en temps voulu. Concentrez-vous sur l'avenir plutôt que sur le passé.

BEN À L'HEURE DU COUCHER

Chez les Shore, les soirées se résumaient à un bras de fer déchirant à l'heure du coucher entre Benjamin, trois ans, et son père, Andrew.

« Je ne suis pas fatigué ! Je ne veux pas aller me coucher ! Je veux rester debout ! » implorait Ben chaque soir quand son père furieux le traînait dans son lit.

« Je sais que tu ne veux pas aller au lit, répondait Andrew, mais tu vas faire ce que je te dis, et je dis que c'est l'heure d'aller au lit ! » Forcer Ben à aller au lit contrariait Andrew autant que Ben. Andrew pensait qu'il devait faire preuve d'autorité, mais il savait aussi qu'il devait trouver un moyen d'éviter les bagarres et les pleurs de Ben.

Un soir, Andrew décida de se contrôler et de laisser un élément extérieur – le chronomètre de son smartphone – contrôler l'heure du coucher. Une heure avant l'heure du coucher de Ben, Andrew régla son chronomètre sur cinq minutes. « Il est l'heure de commencer à se préparer à aller au lit », expliqua Andrew à son fils, curieux. « Si tu te prépares à aller au lit avant que le téléphone sonne, nous réglerons à nouveau le chronomètre et tu pourras rester jouer jusqu'à la sonnerie. »

Ben se dépêcha de se préparer. Comme promis, Andrew régla à nouveau son téléphone, lut à Ben son conte préféré sur les animaux, et chanta quelques berceuses jusqu'à ce que la sonnerie retentisse à nouveau une heure plus tard.

« C'est l'heure de se coucher, non ? » demanda Ben, ravi d'avoir compris le jeu.

« C'est ça ! Je suis tellement fier que tu te souviennes de cette nouvelle règle », répondit son père.

En allant au lit, Andrew redit à son fils toute sa fierté qu'il se soit préparé seul à aller au lit. Utiliser le téléphone pour rythmer le rituel du coucher leur permit de profiter de leur première soirée tranquille depuis des mois. Au bout de plusieurs semaines de ce rituel, le coucher n'était toujours pas un plaisir, mais les vieilles querelles entre Ben et son père étaient désormais loin.

Le siège auto

Définition du problème

Les sièges auto et les ceintures de sécurité sont les ennemis de millions de jeunes enfants épris de liberté. Ces esprits aventuriers ne comprennent pas pourquoi ils doivent être attachés. Mais ils sont capables de comprendre une règle : la voiture ne démarre pas tant qu'ils ne sont pas attachés dans leur siège ou que leur ceinture de sécurité n'est pas bouclée. Assurez votre sécurité et celle de votre enfant chaque fois qu'il monte dans une voiture en imposant la règle de la ceinture de sécurité. Si vous restez ferme sur cette règle vitale, cette habitude deviendra une seconde nature – en tant que passager aujourd'hui, puis en tant que conducteur demain.

Pensez à votre propre sécurité. Un enfant agité qui saute dans tous les sens dans la voiture est une distraction dangereuse. De plus, la législation de la plupart des pays exige que les bébés et les enfants soient attachés en voiture. Dans nombre d'entre eux, les accidents de voiture sont néanmoins la première cause de mortalité infantile. On peut y remédier en veillant à ce que les enfants soient bien attachés. Ne transigez jamais sur cette règle, au risque de le faire sur la vie de votre enfant.

Les sièges auto et les ceintures de sécurité homologuées répondent à des critères de poids et d'âge pour que la voiture soit aussi sûre que possible pour votre enfant.

Pour plus d'informations et de recommandations sur les sièges auto, renseignez-vous sur le site Internet de la sécurité routière.

Prévention du problème

Laissez respirer votre enfant

Assurez-vous qu'il peut bouger les mains et les jambes tout en étant bien attaché.

Fixez comme règle : la voiture n'avance pas tant que tout le monde n'est pas attaché

Si vous instaurez cette règle dès le début, votre enfant sera habitué à l'idée d'être assis dans un siège auto puis de porter une ceinture de sécurité.

Rendez votre enfant fier d'être en sécurité

Expliquez à votre enfant pourquoi il passe du siège auto au rehausseur et n'utilise plus qu'une ceinture de sécurité. Il sera fier de s'attacher. Dites, par exemple : « Tu es grand maintenant. Voici ton nouveau siège auto ! »

Prévoyez un plan d'entraînement

Expliquez à votre enfant l'attitude que vous attendez de lui en voiture. Faites des petits tours dans le quartier avec un parent ou un ami au volant, et vous qui félicitez votre enfant qui reste sagement assis dans son siège auto. Dites : « Tu es tellement sage dans ton siège auto aujourd'hui. »

Résolution du problème

À FAIRE

Bouclez votre ceinture

Bouclez votre ceinture de sécurité et montrez à votre enfant que vous en portez une vous aussi pour qu'il comprenne qu'il n'est pas le seul à être temporairement attaché. Si vous ne bouclez pas votre ceinture de sécurité, votre enfant ne comprendra pas pourquoi il doit le faire.

Félicitez-le de garder sa ceinture de sécurité

Si vous ignorez votre enfant quand il se comporte gentiment, il risque de chercher les moyens d'attirer votre attention, notamment en essayant de sortir de son siège ou de détacher sa ceinture. Parlez-lui, faites des jeux de vocabulaire et félicitez-le de rester si gentiment assis.

Faites ce que vous dites

Stoppez la voiture aussi vite que possible en toute sécurité chaque fois que votre enfant sort de son siège ou se détache. Il apprendra ainsi que vous appliquez la règle. Dites : « La voiture ne repartira que quand tu seras retourné dans ton siège auto (ou quand tu auras remis ta ceinture) et que tu seras en sécurité. »

Détournez l'attention de votre enfant

Essayez des activités comme les jeux de nombre, les jeux de vocabulaire, jouez à faire coucou, chantez, etc. Cela empêchera votre enfant d'essayer de sortir de son siège uniquement pour s'occuper. Pour lui, parler avec vous est beaucoup plus précieux que tout ce qu'il peut voir à la télévision. Évitez de le distraire uniquement avec les écrans.

À NE PAS FAIRE

Ne vous plaignez pas de devoir boucler une ceinture de sécurité

Dire nonchalamment à votre conjoint ou à un ami que vous détestez porter une ceinture de sécurité donne à votre enfant une raison de refuser lui aussi à la mettre.

Ne faites pas attention à ses récriminations contre la ceinture de sécurité, sauf s'il se détache ou sort de son siège auto

Ne pas prêter attention à ses cris et à ses pleurnicheries quand il est attaché l'aide à comprendre qu'il n'a aucun intérêt à protester contre la règle de la ceinture de sécurité. Dites-vous : «Je sais que mon enfant est plus en sécurité dans son siège auto et que ses protestations ne vont pas durer. Sa sécurité relève de ma responsabilité, que j'assume en imposant la règle de la ceinture de sécurité.»

Ne menacez pas et ne faites pas peur

Énumérer à son enfant les graves dangers qu'il court en sortant de son siège auto ne lui apprendra pas à rester attaché. Le menacer de lui confisquer ses jouets ou ses privilèges plus tard dans la journée ne lui apprendra pas non plus les règles.

Ne donnez pas la fessée !

Lui donner la fessée ou le menacer de lui donner la fessée s'il sort de son siège auto ne fera que vous faire du mal à tous les deux et ne lui apprendra pas à rester attaché. Vous ne pouvez pas être un adulte attentionné et user en même temps de violence ou de menaces.

JACOB DÉBOUCLE SA CEINTURE

Stephan Brenner aimait emmener Jacob, son fils de quatre ans, faire des courses avec lui – jusqu'à ce que celui-ci comprenne comment attirer l'attention pleine et entière de son père en détachant sa ceinture de sécurité et en sautant sur la banquette arrière. « Ne te détache plus jamais, jeune homme ! » ordonnait Stephan en voyant son fils détaché. Mais exiger que Jacob ne bouge pas ne résolut pas le problème. Stephan décida donc qu'une punition plus sévère et plus lourde s'imposait. Lui qui n'avait jamais donné de fessée à son fils le menaçait de lui donner une tape sur les fesses s'il le revoyait en train de gambader sur le siège arrière.

Mais pour mettre sa menace à exécution, Stephan devait arrêter la voiture chaque fois que Jacob sortait de son siège. Et chaque fois que Stephan arrêtait la voiture, son fils remontait dans son siège et s'attachait pour échapper à la fessée. Il décida donc qu'au lieu de menacer Jacob il arrêterait la voiture et refuserait de continuer jusqu'à ce qu'il ait remis sa ceinture.

Stephan testa cette nouvelle méthode en allant au parc. Quand Jacob se détachait, Stephan arrêtait la voiture et disait : « Nous pourrons aller au parc quand tu seras remonté dans ton siège et que tu auras remis ta ceinture. Tu n'es pas en sécurité

si tu n'es pas attaché. » Stephan croisa les doigts, espérant que son fils remonterait dans son siège puisqu'il était impatient d'aller au parc. Jacob coopéra mais, à quelques kilomètres de la maison, se détacha de nouveau et Stephan s'arrêta. Il ne donna pas de fessée à son fils ; il se contenta de répéter la règle : « La voiture repartira quand tu seras remonté dans ton siège. »
Jacob retourna dans son siège et se rattacha calmement.
Stephan lui dit : « Merci de remonter dans ton siège » et ils rentrèrent à la maison sans autre incident.
Mais le problème n'en resta pas là. Le jour où Jacob se détacha à nouveau, Stephan fut tellement en colère qu'il fut tenté de crier. Mais il s'en tint à sa nouvelle méthode. Il commença à entamer la conversation avec son fils et à féliciter son comportement. Au bout d'un moment, Stephan reprit goût à ses sorties avec son fils, rassuré par le fait qu'ils étaient tous les deux en sécurité.

Les trajets en voiture

Définition du problème

Un trajet en famille – que ce soit une brève balade en ville, plusieurs heures de route pour aller chez Mamy ou une escapade de deux jours – peut être un bon moment, une épreuve ou les deux ! Pour beaucoup d'adultes, le voyage en voiture est l'occasion d'un changement de rythme, de paysage et de routine quand les soucis du quotidien cèdent la place à la liberté et au plaisir de rouler. Mais pour beaucoup de jeunes enfants, la voiture n'a rien d'amusant, même avec les écrans intégrés. En plus d'être confinés dans leur siège auto, les enfants perdent le sentiment de sécurité que leur procurent leurs jouets familiers, leur lit, leurs toilettes et leur alimentation habituelle. En voyage, on est souvent loin du confort de la maison. Apprenez à votre enfant à accepter le changement et à apprécier les nouvelles expériences – deux tâches plus faciles si vous avez un enfant heureux et intéressé qui se sent en sécurité dans son nouvel environnement (voir « Le refus du changement », page 112). Souvenez-vous aussi que les enfants qui ne sont pas bien attachés sont des distractions dangereuses pour le conducteur. Pour plus d'informations sur la sécurité en voiture, voir « Le siège auto », page 99.

Prévention du problème

Vérifiez le siège auto ou les ceintures de sécurité avant de partir

Les mesures de sécurité que vous prenez avant de partir vont déterminer votre niveau de détente avec vos enfants au moment du départ. N'attendez pas la dernière minute pour découvrir que vous devez retarder votre départ parce qu'il vous manque un élément essentiel : le siège auto.

Instaurez des règles en voiture

Instituez la règle que la voiture ne démarre que quand tout le monde est attaché. Dites : « Je suis désolé que ta ceinture ne soit pas bouclée. La voiture ne bougera pas tant que tu ne seras pas bien attaché en toute sécurité. » Soyez prêt à attendre que tous les passagers se soient pliés à cette règle avant de partir.

Félicitez sa bonne conduite en voiture

Quand vous et votre enfant allez à l'école ou faites les courses ensemble, pensez à le féliciter de bien se comporter dans le siège auto ou de garder la ceinture de sécurité. Vous lui montrerez ainsi que rester dans le siège auto et être soigneusement attaché lui valent des récompenses.

Prévoyez des divertissements

N'oubliez pas d'emporter des jouets sans danger pour les vêtements et la voiture. Les crayons de couleur sont parfaits, mais évitez les feutres qui peuvent tacher durablement les vêtements et la voiture. Prévoyez des contenus adaptés à chaque âge pour les écrans ou les lecteurs DVD.

Expliquez-lui les itinéraires

Montrez votre itinéraire à votre enfant pour qu'il sache combien de temps vous allez partir, ce qui va se passer dans sa chambre pendant votre absence, et quand vous rentrerez. Montrez-lui des cartes et des photos de votre destination. Parlez-lui des gens, des paysages et de votre programme. Partagez des histoires et des souvenirs personnels de vos précédentes visites à cette destination. Si votre enfant est inquiet d'aller dans un endroit inconnu, comparez cette destination à un lieu qui lui est familier.

Impliquez personnellement votre petit voyageur

Laissez votre enfant participer à la préparation et au déroulement du voyage. Demandez son aide pour la préparation de son sac, le choix des jouets et des médias pour la voiture, et le choix des boissons et des goûters équilibrés.

Instaurez des règles de bonne conduite en voyage

Avant de partir, expliquez à votre enfant toutes les règles « spécial voyage ». Par exemple, vous pouvez instaurer une règle sur le bruit, une règle pour la piscine et une règle pour le restaurant sur la route.

Résolution du problème

À FAIRE

Félicitez sa bonne conduite

Félicitez fréquemment sa bonne conduite et récompensez-le pour rester dans le siège auto. Dites, par exemple : « J'aime bien ta manière de regarder les arbres et les maisons. C'est vraiment une belle journée. Nous allons bientôt pouvoir sortir et aller jouer parce que tu restes bien sage dans ton siège auto.»

Arrêtez la voiture si votre enfant sort de son siège auto ou détache sa ceinture de sécurité

Assurez-vous qu'il comprend que la règle du siège auto sera appliquée à la lettre et que les conséquences seront les mêmes à chaque fois qu'il enfreindra la règle.

Jouez à des jeux de voiture

Comptez les objets, reconnaissez les couleurs, guettez les animaux et ainsi de suite pour occuper votre enfant. Dressez une liste d'activités amusantes à faire avant de quitter la maison. Alternez les jeux pour susciter l'intérêt de votre enfant (et le vôtre).

Faites des arrêts fréquents

Votre jeune enfant est infatigable et n'est jamais plus heureux que quand il bouge. L'immobiliser pendant des heures dans une voiture ne sied pas à son esprit aventureux. Donnez-lui du temps pour se défouler dans un parc ou sur une aire de repos, ou il finira par se rebeller au moment où vous vous y attendez le moins.

Surveillez les goûters pendant les longs trajets

Les aliments riches en sucres ou les boissons gazeuses augmentent non seulement le niveau d'activité d'un enfant, mais peuvent aussi accroître le risque de mal des transports.

Préférez les goûters protéinés ou légèrement salés. Il sera content et se sentira mieux.

Appliquez la loi de grand-maman

Dites-lui que sa bonne conduite lui vaudra des récompenses. Par exemple, si votre enfant pleurniche pour boire, dites-lui : « Si tu restes sagement assis dans ton siège et que tu nous parles sans pleurnicher, nous nous arrêterons et nous irons chercher à boire. »

À NE PAS FAIRE

Ne laissez pas les jeunes enfants s'asseoir sur le siège avant

Peu importe qu'ils fassent des pieds et des mains pour s'asseoir à côté de sa maman ou de son papa, les jeunes enfants ne doivent jamais être autorisés à s'asseoir sur le siège avant, aussi court que soit le trajet. La place la plus sûre pour les jeunes enfants est d'être soigneusement attaché dans un siège auto ou sur un rehausseur sur le siège arrière.

Ne faites pas de promesses que vous ne tiendrez pas

Ne décrivez pas trop précisément ce que votre enfant verra pendant le voyage, car il risque d'y tenir. Par exemple, si vous lui dites que vous allez voir des cerfs en bordure d'autoroute et que vous n'en voyez pas, vous risquez de l'entendre se plaindre en partant : « Tu m'avais promis que je verrais des cerfs. »

Ne le divertissez pas uniquement avec les écrans

Même les enfants qui adorent la télé et les jeux vidéo finissent par s'en lasser. D'où la nécessité d'avoir des jeux de vocabulaire, des devinettes, des livres, des crayons de couleur et autres divertissements, même sur les trajets courts.

LA GUERRE DES VOITURES

Michael et Andrea Sterling voulaient offrir à leurs enfants des vacances qui ressemblaient à celles qu'ils aimaient quand ils étaient enfants. Mais avec Zoe, trois ans, et Zachary, six ans, même les plus petits trajets en voiture tenaient plus de la punition que de la balade. La banquette arrière se transformait en zone de guerre, et les cris incessants des enfants poussaient souvent Michael et Andrea à les menacer de fessée. Mais les menaces semblaient vaines. Les Sterling, qui se retrouvaient souvent aussi en colère après les menaces qu'avant, se sentaient impuissants. Même l'achat d'une nouvelle voiture avec écran intégré n'aida en rien, puisque les enfants se mirent à se disputer sur ce qu'ils voulaient regarder.

Ils finirent par décider d'instaurer de nouvelles règles pour les voyages en voiture. Ils trouvèrent des jouets avec lesquels les enfants pouvaient jouer sans surveillance et exposèrent les nouvelles règles. « Les enfants, commencèrent-ils, quand nous allons à l'école le matin, nous voulons que vous nous parliez gentiment sur la route. Si vous parlez gentiment, vous choisirez chacun votre jus de fruit préféré en rentrant à la maison. » Puis ils appliquèrent et testèrent ces règles non seulement sur le trajet de l'école, mais aussi sur les trajets pour la garderie, le supermarché, le parc et les amis.

Au début, les enfants respectèrent la règle et les Sterling les en félicitèrent. « Merci d'avoir coopéré l'un avec l'autre », dirent-ils. Puis leurs enfants se remirent à se bagarrer pour savoir ce qu'ils voulaient regarder sur l'écran de la voiture. Mais il ne

fallut que deux séances pour que les enfants soient à nouveau gentils l'un avec l'autre et respectent les règles pendant tout le trajet. Ils furent félicités pour leurs efforts et récompensés pour leur bonne conduite.
Deux semaines plus tard, la famille Sterling fit deux heures de route pour aller chez leur grand-mère, le plus long trajet en voiture depuis le début des séances d'entraînement. Les enfants savaient ce que l'on attendait d'eux et quelles récompenses ils trouveraient sur la route et à destination. Entre de courts moments où ils regardaient la télévision, ils jouèrent ensemble et choisirent l'un après l'autre le programme et les nouveaux jeux. Le calvaire des trajets en voiture devint alors une expérience agréable pour tout le monde !

Le refus du changement

Définition du problème

«Non ! C'est maman ! » hurle votre fils quand votre mari essaie de lui donner le bain, qu'il considère comme le rôle de maman. Le changement est parfois difficile pour tout le monde, mais il l'est surtout pour les jeunes enfants. Et encore plus pour les enfants nés avec un tempérament qui leur fait aimer tout ce qui est habituel et prévisible et qui les pousse à vouloir contrôler leur petit monde.

Les petits ont peu d'expérience en matière d'adaptation au changement. Donc, quand vous demandez à votre enfant de se préparer à partir alors qu'il est plongé dans un jeu avec un copain chez qui il est allé jouer, ou si vous lui dites que vous allez tous les deux dans un endroit qu'il ne connaît pas, il risque de rechigner. Il est courant que les jeunes enfants se cantonnent dans une monotonie prévisible et rassurante. Mais parfois, le besoin de sécurité frise l'inflexibilité absolue. Voici quelques conseils pour aider les enfants réticents à s'adapter au changement.

Prévention du problème

Enseignez des compétences en prise de décision

Votre enfant veut avoir le sentiment qu'il est maître de son destin. Laissez-le prendre des décisions simples. Choisir entre deux céréales, deux paires de chaussettes et deux jeux lui donne le sentiment de maîtriser son monde.

Respectez l'individualité de votre enfant

Vous aimez peut-être le changement, mais votre enfant peut avoir plus de difficulté, car son tempérament est différent du vôtre. Sachez que chaque enfant a son tempérament, même au sein d'une même famille. Évitez de dire : « Ne sois pas comme ça ! » quand votre enfant se montre inflexible. Dites plutôt : « Je sais que c'est difficile pour toi de changer de baby-sitter. Mais tu peux y arriver. Ça va aller. »

Résolution du problème

À FAIRE

Développez sa résilience

Les enfants résilients voient le changement comme un défi. Les enfants inflexibles résistent au maximum au changement. Dire à votre enfant qu'il va réussir à faire quelque chose et non qu'il va devoir le faire transformera ses sentiments de peur et de perte de contrôle en enthousiasme. Aidez-le à construire le cadre du changement en disant : « Tu vas arriver à avoir une nouvelle baby-sitter ce soir. Elle va être très gentille. C'est super de rencontrer des gens nouveaux ! »

Inculquez-lui le monologue intérieur pour affronter le changement en donnant vous-même l'exemple

Les enfants à qui l'on montre comment gérer le changement sont mieux préparés à affronter les défis. Dites : « Ma nouvelle chemise est très jolie. Je n'ai aucune difficulté à ne plus porter ma vieille chemise bleue. Je suis tellement content de porter ma nouvelle chemise jaune aujourd'hui.»

Fixez des objectifs pour accepter le changement

Les enfants ont davantage le sentiment de contrôler leur destinée s'ils ont le temps de réfléchir et de se préparer au changement. Vous pouvez aider votre enfant à accepter plus facilement le changement en lui fixant des objectifs. Dites, par exemple: «Nous allons au zoo avec ta classe demain. Ça va être bien. Fixons comme objectif de passer un bon moment au zoo.» Puis rappelez-lui régulièrement cet objectif et demandez-lui de vous le répéter. Demandez-lui: «Quel est ton objectif au zoo ?» S'il répond: «Je vais au zoo pour m'amuser», dites: «C'est ça, tu vas au zoo pour passer un bon moment.»

Apprenez-lui à résoudre les problèmes

Quand les enfants sont confrontés au changement et ne savent pas quoi faire, leur proposer un certain choix les aide à y voir plus clair. Dites: «Je sais que tu ne veux pas aller dans un grand lit. Voyons ce que l'on peut faire pour te faciliter les choses. Tu peux peut-être emporter ton ours en peluche avec toi dans le grand lit pour te tenir compagnie.»

À NE PAS FAIRE

Ne répondez pas à son refus par la colère

Les enfants perturbés par le changement ont besoin de beaucoup de soutien et d'empathie pour combattre leur anxiété. Se mettre en colère contre un enfant inflexible ne fait qu'accroître son sentiment d'impuissance et ne l'aide pas à accepter le changement.

L'AFFAIRE DU BOL

Julia Bardwell n'avait que deux ans et demi, mais avait montré très tôt qu'elle n'aimait pas le changement. Elle résistait fermement à tout nouvel événement qui se produisait dans sa jeune vie. Ses parents, Dena et Jim, savaient qu'il ne fallait pas aller contre sa volonté. Quand elle ne se révoltait pas pour utiliser le bol bleu plutôt que le jaune au petit déjeuner, elle refusait catégoriquement de porter autre chose que son short vert et son tee-shirt rose. Confrontée au changement, Julia commençait par résister, puis criait, et finissait par des sanglots déchirants et intarissables.

Dena et Jim voulaient aider Julia à devenir plus flexible et plus résiliente. Jim savait que, dans son travail, les objectifs l'aidaient à rester concentré et à ne pas se laisser distraire par son anxiété de vouloir tout faire. Il pensait que Julia pourrait dépasser sa peur du changement si elle pouvait se fixer un but. Ils décidèrent que le premier objectif de Julia porterait sur son refus absolu de changer de bol au petit déjeuner. Une fois qu'elle aurait appris à être plus flexible sur la vaisselle, elle accepterait plus volontiers les autres changements. Ils commencèrent donc à lui proposer de choisir elle-même un nouveau bol pour le petit déjeuner.

Ce soir-là, Dena dit : « Julia, fixons-nous un but pour demain matin. Je pense que ce serait bien que ton but soit d'utiliser ton nouveau bol au petit déjeuner. » Julia regarda sa mère et acquiesça, mais Dena n'était pas sûre que l'idée ait fait son chemin. Quelques minutes plus tard, elle dit : « Julia, tu te souviens de ton objectif pour demain matin ? Tu vas utiliser ton nouveau bol au petit déjeuner. »

Cette fois-ci, Julia répondit : « Oui, je m'en souviens. »

Les Bardwell répétèrent cet échange plusieurs fois dans la soirée. Ils firent même un tour dans la cuisine pour regarder le bol flambant neuf posé sur le plan de travail.

Le lendemain matin, au petit déjeuner, Julia se précipita à table, disant : « Où est mon nouveau bol ? »

Dena et Jim savaient qu'ils étaient sur la bonne voie. Ils pouvaient inciter Julia à accepter le changement en l'aidant à l'attendre avec impatience. Après quelques jours avec son nouveau bol, Dena et Jim dirent : « Julia, et si tu utilisais ton vieux bol bleu au petit déjeuner demain matin ? »

« Non ! cria Julia. Je veux mon nouveau bol ! Mon nouveau bol ! »

Contrairement à ce qu'ils faisaient avant, Dena et Jim ne réagirent pas. Ils décidèrent plutôt de l'aider à fixer un nouvel objectif. Ce soir-là, Dena dit : « Julia, fixons un nouvel objectif pour le petit déjeuner de demain. J'aimerais que ton nouvel objectif soit d'utiliser ton vieux bol bleu. » Plus tard dans la soirée, Dena dit : « Julia, quel est ton nouvel objectif pour le petit déjeuner demain matin ? »

Julia réfléchit une minute et dit : « Utiliser mon vieux bol bleu ? »

« C'est ça, répondit Dena. Tu vas utiliser le bleu demain. Je suis contente que tu te souviennes de ce nouvel objectif. »

Dena et Jim n'étaient pas sûrs que ce petit exercice soit concluant, mais ils furent ravis de voir que Julia commença à prendre ça pour un jeu et était impatiente de connaître le nouvel objectif du jour. Ils savaient qu'elle accepterait le changement du moment qu'elle y serait préparée. Ils avaient désormais un plan qui satisfaisait toute la famille. Leur persévérance avait payé.

La manie de tout escalader

Définition du problème

Certains enfants, en particulier les garçons, ne résistent pas à l'envie d'escalader tout ce qui semble pouvoir – ou non – être escaladé. Ils grimpent sur les chaises, les tables, les meubles, les étagères, les arbres, les murs, les statues et les voitures. Non seulement c'est dangereux, mais en plus ils peuvent causer des dégâts matériels et peuvent se faire réprimander par les bibliothécaires dont ils escaladent les étagères ou par leur grand-mère dont l'étagère de vaisselle en porcelaine se transforme en Everest !

Vous mesurez les conséquences de cette attitude, mais vous avez peut-être déjà tout essayé en vain. Si votre enfant passe son temps à grimper sur tout ce qui se présente, vous avez essayé de le gronder, de le menacer et de l'envoyer en temps calme. Vous avez peut-être même été tenté de lui donner une tape pour lui montrer la douleur qu'il pourrait ressentir s'il tombait.

Dans ce domaine, comprendre les garçons peut s'avérer utile. Comme nous l'avons vu dans « »Garçons-filles : comprendre la différence » (voir page 44), les garçons sont plus agressifs et ont constamment besoin de se tester. Chaque escalade est une manière de tester leur force et leur endurance. Votre mission de parent est non seulement de comprendre le besoin d'escalader de votre enfant, mais aussi de canaliser ce besoin vers des objets et des lieux qui peuvent être escaladés en toute sécurité.

Prévention du problème

Fixez les meubles hauts au mur

Les fixations n'empêcheront pas votre enfant d'escalader, mais elles éviteront les accidents graves au cas où il oublierait la règle et où il escaladerait sa bibliothèque ou sa commode.

Définissez ce qui peut être escaladé et ce qui ne peut pas l'être

Dire à son enfant ce qui peut et ne peut pas être escaladé a au moins le mérite d'encadrer sa frénésie. Dites : « Non, tu n'as pas le droit d'escalader l'armoire, mais tu peux monter sur le canapé. »

Instaurez des règles d'escalade

Instaurer des règles peut canaliser le besoin d'escalader d'un enfant. En lui demandant : « Quelle est la règle à propos des meubles de ta grand-mère ? » ou « Quelle est la règle à la bibliothèque ? », vous lui rappelez la règle et vous l'aidez à s'en souvenir pendant votre visite chez sa grand-mère ou à la bibliothèque.

Proposez des lieux à escalader

Reconnaître le besoin d'escalader de votre enfant et lui proposer des lieux à escalader lui permet de satisfaire son besoin et de le contenir.

Résolution du problème

À FAIRE

Rappelez-lui les règles

Quand votre enfant commence à escalader une zone interdite, rappelez-lui la règle. Demandez-lui : « Quelle est la règle ici ? »

Éloignez-le de ce qu'il est en train d'escalader

Éloigner tout simplement votre enfant de ce qu'il est en train d'escalader et lui dire : « Je suis désolé, ce n'est pas fait pour escalader », arrêtera son geste.

Fixez des clochettes

Si votre enfant escalade tout ce qu'il voit, fixez des clochettes à ses chaussures. Et s'il préfère grimper pieds nus, fixez-les au bas de son pantalon. Vous saurez ainsi où il est à tout moment, ce qui est crucial puisque vous ne pouvez pas l'empêcher d'escalader si vous n'êtes pas là pour l'arrêter.

Orientez-le vers des lieux autorisés

Quand votre enfant commence à escalader ce qu'il n'a pas le droit d'escalader, orientez-le vers ce qu'il a le droit d'escalader. Dites : « Je suis désolé, tu ne peux pas escalader la commode, mais nous pouvons aller dehors et tu pourras grimper sur la balançoire. »

À NE PAS FAIRE

Ne paniquez pas

Quand vous voyez votre enfant escalader, au lieu de paniquer et de crier, restez calme et éloignez-le tranquillement.

Ne le menacez pas

Dire à votre enfant qu'il sera puni s'il recommence à escalader ne fera que l'encourager à escalader derrière votre dos pour ne pas être pris. Souvenez-vous que vous ne pouvez pas le voir escalader si vous n'êtes pas là !

Ne le culpabilisez pas

Ne dites pas : « Tu sais à quel point je suis inquiet quand tu escalades les meubles. Tu ne veux pas me contrarier, n'est-ce pas ? » Le culpabiliser ne l'incitera pas à cesser d'escalader, mais seulement à braver l'interdiction en votre absence. Ainsi, se dit-il, il ne se sentira pas coupable de vous contrarier.

N'utilisez pas la peur

Dire à son enfant : « Si tu escalades ce canapé, tu vas tomber et te faire mal » ne va pas l'empêcher d'escalader. En revanche, s'il escalade et ne tombe pas, il se dira que vous ne dites pas la vérité.

CONNOR, LE PETIT GRIMPEUR

Du jour où il a su marcher, Connor se mit à grimper partout. Quand grimper sur des meubles devint trop facile, il commença à escalader la table de la salle à manger. Ce qui énervait Alyssa, sa mère. Elle avait beau lui répéter sans cesse de ne pas escalader ou le mettre en temps calme, il continuait de grimper sur la table. Finalement, Alyssa et Alan couchèrent les chaises par terre pour qu'il ne puisse pas grimper. Mais le jour où il escalada sa bibliothèque et tomba à la renverse fut la goutte d'eau qui fit déborder le vase. Bien sûr, il pleura, mais il essaya rapidement de recommencer. Heureusement, Alan avait fixé les meubles de son fils au mur. Puis il dut fixer assez haut tous les meubles de la maison, car Connor essayait de tous les escalader.

Quand Alan perdit son sang-froid et menaça de donner une fessée à Connor, ils décidèrent de changer de méthode. Comment être le genre de parents qu'ils voulaient être s'ils se mettaient à taper leur enfant ? Ils étaient d'accord pour ne jamais menacer Connor, quoi qu'il arrive. Mais, conscients que rien ne pouvait l'arrêter de grimper partout, ils décidèrent de surveiller de près ses escalades. Quand ils étaient à l'extérieur, ils expliquaient à Connor les règles concernant ce qu'il pouvait et ne pouvait pas escalader. « Quelle est la règle ? » demandait Alyssa, et Connor répondait : « Je ne peux pas escalader ça. » Alyssa le félicitait ensuite pour sa réponse et lui proposait d'aller au parc, où il pourrait grimper là où il voulait. Résultat : Connor adorait toujours escalader, mais cela ne provoquait plus de conflits entre lui et ses parents. Ils comprirent son besoin d'escalader, et il accepta d'escalader ce qui était autorisé et de rester à l'écart des montagnes interdites.

La séparation d'avec les parents

Définition du problème

L'image du jeune enfant agrippé aux jambes de sa mère – se cramponnant de toutes ses forces tandis qu'elle essaie de faire les courses, de sortir de la maison ou de quitter la crèche – n'est pas une invention. Pour beaucoup de parents, c'est une réalité émotionnellement épuisante de la vie de tous les jours. Si c'est votre cas, vous devez résister à la tentation de vous occuper constamment de votre petit pot de colle (aussi difficile que ce soit). Si vous voulez (ou devez) le confier à une baby-sitter, rassurez-le avec fermeté et amour en lui disant que vous êtes fier qu'il reste avec elle et que vous reviendrez. Dites-lui que vous êtes heureux qu'il ait la chance de jouer avec elle. Même s'il pleure quand vous fermez la porte, votre attitude positive sera contagieuse (comme le serait une attitude négative). Vous donnerez l'exemple en acceptant d'être séparé et de passer un bon moment avec d'autres personnes. Couvrez-le de câlins et de bisous pendant des moments neutres pour éviter qu'il ne se sente délaissé et qu'il n'ait besoin de s'accrocher à vous pour avoir votre attention. Se cramponner, ce n'est pas faire un câlin. C'est une demande pressante d'attention immédiate.

Remarque à propos du « blues de la maternelle » : beaucoup d'enfants éprouvent l'anxiété de la séparation l'année de leur entrée à l'école. Vous savez tous les deux que l'école est importante et même obligatoire, mais cela ne soulage en rien son anxiété quand vous le déposez à l'école. Vous trouverez ici quelques solutions pour faire face à ce problème. Et s'il persiste, consultez un spécialiste.

Prévention du problème

Habituez-vous à faire garder votre enfant

Pour habituer votre enfant à l'idée que vous ne serez pas toujours là, entraînez-vous assez tôt à le laisser de temps à autre pour des courtes périodes (quelques heures). Ces pauses sont aussi salutaires pour les parents que pour les enfants.

Dites à votre enfant ce que lui et vous allez faire en votre absence

C'est bon pour le blues de la maternelle ! Dire à votre enfant ce que vous ferez quand vous serez partie lui montre l'exemple à suivre quand vous lui demandez de parler de ses activités du jour. Décrivez-lui ce qu'il va faire et où vous serez quand vous serez partie pour qu'il ne s'inquiète pas de son sort ni du vôtre. Dites par exemple : « Laura va préparer ton repas, te lire une histoire et te mettre au lit. Ton papa et moi sortons dîner et nous serons de retour à onze heures. » Ou : « Je dois préparer le repas maintenant. Quand j'aurai fini et que tu auras joué avec tes Lego, nous pourrons lire une histoire ensemble. » Ou encore : « Pendant que tu seras à l'école, je serai au travail. Puis j'irai te chercher à la garderie. Je sais que tu vas passer une bonne journée. »

Jouez à faire coucou

Ce jeu simple habitue votre enfant à l'idée que les choses (et vous) disparaissent et, plus important encore, réapparaissent.

Les tout-petits et les jeunes enfants jouent à faire coucou de toutes les façons : en se cachant derrière leurs mains ou un objet, en regardant les autres se cacher derrière leurs mains ou un objet, et (pour les plus grands) en jouant à cache-cache.

Rassurez votre enfant en lui disant que vous allez revenir

N'oubliez pas de lui dire que vous allez revenir, et prouvez-lui que vous tenez parole en revenant quand vous l'avez dit.

Trouvez des activités spécial baby-sitter

Les « petits plaisirs » aident votre enfant à être impatient de rester avec une baby-sitter plutôt que d'être contrarié par votre absence. Prévoyez des vidéos spéciales, des peintures à doigts, des jeux et des histoires réservées aux baby-sitters.

Préparez votre enfant à la séparation

Dites-lui que vous allez partir et suggérez-lui qu'il se débrouillera très bien en votre absence. Dites, par exemple : « Tu vas passer un bon moment avec Lisa. Je sais que tu seras bien quand je serai parti. » Si vous le surprenez en partant sans le prévenir, il risque de passer son temps à se demander si vous allez à nouveau tout d'un coup disparaître.

Résolution du problème

À FAIRE

Faites preuve d'empathie et de compréhension

Mettez-vous à la place de votre enfant en essayant de comprendre son anxiété face à une situation inconnue. Dites :

« Je sais ce que tu ressens. Nous serons séparés un moment, mais tout ira bien pour toi et tu vas passer un bon moment avec la baby-sitter (ou tes amis). Nous nous retrouverons plus tard. »

Préparez-vous à sa réaction s'il n'aime pas la séparation

Souvenez-vous qu'il finira par se calmer quand il comprendra qu'il peut survivre sans vous pendant quelques instants. Dites-vous : « Il pleure parce qu'il m'aime. Mais il doit apprendre que même si je ne peux pas toujours jouer avec lui et si je dois parfois m'absenter, je reviens toujours. »

Félicitez-le d'avoir bien géré la séparation

Rendez-le fier de sa capacité à jouer seul. Dites par exemple : « Je suis tellement fier de la manière dont tu t'es amusé pendant que je travaillais sur l'ordinateur. » Vous renforcez ainsi sa confiance en lui et son indépendance, pour votre bien à tous les deux.

Reconnaissez qu'il a besoin de temps loin de vous

Les ruptures sont nécessaires aux enfants et aux parents. Conservez votre routine quotidienne, même si votre enfant proteste que vous ne jouez pas avec lui ou que vous le confiez à un membre de votre équipe éducative.

Commencez progressivement les séparations

Pour apprendre l'indépendance à votre enfant, jouez à la course contre la montre (voir page 61). Donnez-lui cinq minutes de votre temps et cinq minutes où il joue seul. Augmentez le temps de jeu seul chaque fois que vous passez cinq minutes avec lui, jusqu'à ce qu'il puisse jouer un bon moment seul. Pendant les moments de séparation, vous devez pouvoir le voir. Quand il est plus grand, vous pouvez ne pas le voir, mais vous devez savoir où il est et être sûr qu'il est en sécurité.

Laissez quelqu'un d'autre conduire votre enfant à l'école, chez la nounou ou à la garderie

C'est un autre bon moyen de gérer le blues de la maternelle. Si votre enfant a du mal à se séparer de vous, laissez un autre adulte responsable et attentionné le conduire régulièrement à l'école. Il verra ainsi qu'il peut réussir à se séparer de vous et à se débrouiller sans vous.

À NE PAS FAIRE

Ne vous énervez pas quand votre enfant se cramponne à vous

S'énerver quand votre enfant se cramponne à vous ne lui apprendra pas l'indépendance. Dites-vous qu'il préfère votre compagnie au reste du monde, mais qu'il est important qu'il apprenne à échanger avec les autres.

Ne punissez pas votre enfant qui se cramponne

Suivez plutôt les conseils donnés plus haut pour lui apprendre à se séparer de vous.

Ne brouillez pas le message

Ne dites pas à votre enfant d'aller jouer tout seul quand vous le tenez dans vos bras ou que vous lui faites un câlin. Il ne saura pas s'il doit rester ou partir.

Ne faites pas de la maladie un moyen de bénéficier d'un traitement de faveur

La maladie ne doit pas lui valoir des privilèges. Ne laissez pas votre enfant malade faire des choses normalement interdites. Traitez-le avec tendresse, sans toutefois changer les habitudes.

« NE ME QUITTE PAS ! »

Natalie et Rick Gordon avaient tellement envie de sortir que quand Tyler, leur fils de quatre ans, s'accrochait à leurs vestes avec effroi quand la baby-sitter arrivait, ils ignoraient tous deux ses sentiments. Ils disaient : « Allons, Tyler, mon trésor, ne fais pas le bébé ! Nous t'aimons. Ça n'a pas de sens. Nous sortons tous les samedis soir. »

Cela ne réconfortait pas Tyler. Il hurlait à pleins poumons : « Ne partez pas ! Ne me quittez pas ! Emmenez-moi avec vous ! »

Il persistait à s'accrocher, et les Gordon ne comprenaient pas ce qu'ils avaient fait de mal pour que leur fils les « punisse » quand ils voulaient sortir. Ils se demandaient : « Est-ce qu'il nous déteste vraiment au point de vouloir nous embarrasser devant la baby-sitter ? » Ils finirent par se confier à des amis, les Reilly, qui tentèrent de les rassurer en leur disant que Tyler s'accrochait à eux par amour et non par haine. Ils leur expliquèrent également comment ils avaient aidé leur fille à accepter leur absence.

Le samedi suivant, les Gordon suivirent les conseils des Reilly. Avant de partir, ils préparèrent Tyler à leur départ en lui disant : « Tu vas bien t'amuser avec Laura pendant que nous serons au cinéma. Quand nous reviendrons, tu seras couché. Nous viendrons te faire un bisou. Et nous serons là demain matin quand tu te réveilleras. Laura va te faire du pop-corn dans notre nouvelle machine à pop-corn et elle te lira une histoire. Puis tu iras te coucher. Nous savons que tu vas bien t'amuser ! » Ils ne prolongèrent pas leur départ par des câlins déchirants et partirent alors que Tyler grinchait à peine. Après ce départ réussi, ils félicitèrent Tyler d'être resté calme pendant qu'ils lui expliquaient où ils allaient, ce qu'ils prévoyaient de faire et combien de temps ils seraient absents. Chaque fois que la baby-sitter leur racontait que tout s'était bien passé, ils disaient à Tyler qu'ils étaient fiers qu'il joue gentiment pendant leur absence. « Merci d'avoir été aussi calme et d'avoir aidé Laura à construire ton puzzle préféré hier soir », lui disaient-ils en l'embrassant.

Les Gordon furent patients. Ils savaient qu'il faudrait peut-être des semaines avant de pouvoir partir sous les rires de leur enfant plutôt qu'au son de ses pleurnicheries et de ses tapements de pied. Mais en attendant, ils cessèrent d'agresser verbalement Tyler pour son comportement « de bébé » et limitèrent ses pleurs en les ignorant.

Les insultes et les gros mots

Définition du problème

Les jeunes enfants sont, hélas, passés maîtres dans l'art de répéter les gros mots dont vous ponctuez vos conversations. Ces mots ont beaucoup d'attrait pour les enfants. Ils ont un fort impact émotionnel, et ils ont aussi beaucoup plus de poids que la plupart des autres. Quand ils lâchent, l'air de rien, des jurons à la maison, à la maternelle ou pendant un repas de famille, ils font sensation. Ils provoquent un choc ou déclenchent des rires, ce qui les encourage à utiliser ces mots puissants pour attirer le plus souvent possible l'attention de tous !

Prévention du problème

Surveillez votre langage

Le meilleur moyen d'empêcher votre enfant d'entendre et de répéter des gros mots est de surveiller vous-même votre langage. C'est plus difficile à faire qu'il n'y paraît, parce que les habitudes de langage ne sont pas faciles à changer !

Remplacer les gros mots par d'autres mots

Quand vous êtes excédé, au lieu de crier le premier mot qui vous vient à l'esprit, utilisez un substitut tel que « Oh mince ! »

« Purée ! » ou « Quel bazar ! ». Ces mots vous permettront de vous défouler sans vous gêner si votre enfant les prononce devant d'autres personnes.

Surveillez les endroits où l'on parle mal

Assurez-vous que votre équipe éducative surveille son langage auprès de votre enfant. Si son grand-père jure à longueur de journée, voyez s'il peut accepter vos règles et s'abstenir quand votre enfant peut l'entendre.

N'exposez pas votre enfant à des programmes télé destinés aux adultes

La télévision ne cesse de repousser les limites du langage et de la violence.

Résolution du problème

À FAIRE

Définissez des règles autour du langage

Quand vous entendez votre enfant jurer, dites-lui que c'est un manque de politesse et de respect. La règle est de ne pas jurer.

Parlez des sentiments

Si votre enfant utilise des gros mots quand il est en colère, proposez-lui les substituts que vous utilisez. Puis parlez de ses sentiments pour l'aider à exprimer et à apaiser sa colère, et à accepter la contrariété par des moyens inoffensifs quand les choses ne se passent pas comme il veut.

Parlez d'empathie et de politesse

Dites à votre enfant que le mot qu'il a utilisé est irrespectueux et blessant. Demandez-lui ce qu'il ressentirait s'il en était la cible, puis dites-lui qu'il vaut mieux faire plaisir aux autres que les blesser. C'est précisément à cela que sert la politesse !

À NE PAS FAIRE

Ne lui lavez pas la bouche avec du savon

Les punitions ne font que faire entrer les gros mots dans la clandestinité. Votre enfant comprendra rapidement qu'il peut les utiliser quand vous n'êtes pas là pour les entendre.

Ne lui faites pas honte

Faire honte à votre enfant lui dit qu'il est mauvais quand son seul problème est qu'il s'est mal comporté. Dites-lui plutôt que vous l'aimez, mais que vous n'aimez pas le mot qu'il a utilisé et que vous ne voulez plus qu'il l'utilise.

N'accordez pas trop de pouvoir aux gros mots

Faire trop d'histoire quand votre enfant tente occasionnellement un gros mot peut accorder trop de pouvoir à ce mot. Ne vous mettez pas en colère et ne vous énervez pas pour une insulte.

JACKSON DÉCOUVRE LES GROS MOTS

À quatre ans, Jackson était un enfant vif et actif, que ce soit à la maison ou à la maternelle. Chaque soir, il racontait en détail

et avec beaucoup de piment les événements de sa journée. Un soir, après l'école, il raconta à Hannah, sa mère, qu'il avait joué au ballon avec ses copains et que le ballon avait atterri dans un verre d'eau dans lequel on rinçait les pinceaux.
« Quel b----- ! » dit-il joyeusement. Hannah fut vraiment choquée.
« Où as-tu appris un mot pareil ? » demanda Hannah d'un ton rageur.
« C'est ce qu'a dit papa quand il a fait tomber le pot de peinture dans le garage », répondit Jackson, effrayé. Il n'aimait pas voir sa mère en colère.
« Ce n'est pas un mot pour un petit garçon, expliqua Hannah plus calmement, et ton père ne devrait pas l'utiliser lui non plus. Nous n'avons pas besoin de ce genre de mots pour dire ce que l'on veut dire. Quel mot pourrais-tu employer à la place ? »
Après quelques minutes de réflexion, Jackson répondit : « Je pourrais dire que c'était un beau bazar. C'est ce que Mamy dit parfois. »
« Oui, j'aime bien ça. Et c'est vrai, j'ai déjà entendu Mamy le dire. Jackson, je ne veux plus que tu utilises ce mot. C'est malpoli et irrespectueux, et je sais que tu veux montrer que tu es respectueux et poli. »
« D'accord Maman, je suis désolé », dit Jackson avant de retourner jouer.
Hannah se souvint de dire à son mari de surveiller son langage !

La lenteur

Définition du problème

Le temps est une notion d'adulte qui a peu, voire aucun sens pour les jeunes enfants. Se dépêcher n'a pas grand intérêt pour eux. Faire se presser un enfant au milieu de toutes sortes de distractions passionnantes – jouets, télévision et même ses propres chaussures – semble être une cause perdue. En plus, quand vous l'exhortez à se presser, c'est souvent pour quelque chose qui, contrairement à vous, ne l'intéresse pas beaucoup !

Vous qui êtes pressé par le temps et qui avez le nez collé à la montre, vous risquez de transmettre votre anxiété à votre enfant qui, contrairement à vous, ne comprend pas son stress. Il sait juste que vous êtes énervé. Mieux vaut lui faire ressentir qu'il contrôle la situation pour éviter un bras de fer. Vous énerver parce qu'il prend son temps vous empêche de devenir l'adulte attentionné dont il a besoin. Voici quelques suggestions pour le motiver afin qu'il avance à votre rythme.

Prévention du problème

Essayez d'être ponctuel

Être ponctuel aide votre enfant à comprendre qu'il est important de respecter les horaires et construit son empathie. Dire : « Nous devons nous dépêcher de nous préparer pour pouvoir être à l'heure à l'école et ne pas faire attendre la maîtresse » motive votre enfant à aller plus vite et l'aide à faire le lien entre être à l'heure et éviter de faire subir son retard aux autres.

Essayez de prévoir du temps pour se préparer

Si vous êtes pressé, votre jeune tortue peut vous faire perdre patience et prendre du retard. Pour éviter l'anxiété de la précipitation, faites tout votre possible pour prévoir assez de temps pour vous préparer à sortir. Ralentir est la réaction typique de celui qui ne comprend pas pourquoi il vaut mieux se dépêcher plutôt que de poursuivre ce qu'il est en train de faire.

Établissez et respectez un emploi du temps

Un enfant a besoin de routine et de constance dans sa vie de tous les jours et a tendance à traîner davantage quand on bouscule ses habitudes. Établissez des horaires et des rituels pour les repas, les jeux, le bain et le sommeil. Vous l'aiderez à se familiariser avec le temps que vous lui accordez.

Résolution du problème

À FAIRE

Facilitez-lui les choses pour qu'il avance à votre rythme

Posez-lui des questions stimulantes et jouez à des jeux simples pour masquer votre précipitation. Par exemple, encouragez-le à se préparer en lui demandant de deviner ce que sa grand-mère lui a préparé pour déjeuner ce midi. Ou demandez-lui de courir dans vos bras quand vous voulez qu'il se dépêche d'aller à la voiture.

Faites la course contre la montre

Les enfants vont toujours plus vite quand ils essaient de battre un chronomètre (une autorité neutre) que quand ils essaient de faire ce que vous demandez. Dites : « Voyons si tu peux t'habiller avant la sonnerie. »

Incitez-le à accélérer

Dites, par exemple : « Si tu bats le chronomètre, tu pourras jouer pendant dix minutes avant de partir à l'école. » Votre enfant comprendra alors qu'il y a des avantages à être à l'heure.

Félicitez le geste autant que les résultats

Motivez votre enfant à effectuer une tâche en l'encourageant en cours de route. Dites, par exemple : « J'aime bien quand tu t'habilles aussi vite » plutôt que d'attendre qu'il ait fini pour dire simplement « Merci de t'être habillé ».

Donnez-lui un coup de main

Vous devrez peut-être aider discrètement votre enfant (à monter en voiture, à s'habiller, etc.) pour lui apprendre que la vie suit son cours, quelle que soit sa priorité du moment.

Appliquez la loi de grand-maman

Si votre enfant traîne parce qu'il veut faire quelque chose alors que vous voulez qu'il fasse autre chose, utilisez la loi de grand-maman. Dites, par exemple, « Quand tu auras fini de t'habiller, tu pourras jouer avec ton train ».

Impliquez-le dans la résolution du problème

Quand les enfants sont impliqués dans la résolution d'un problème, ils sentent qu'ils ont le pouvoir et le contrôle, et ils peuvent se montrer à la hauteur de la situation. Dites : « Nous semblons avoir un problème à nous préparer à temps pour aller à l'école. Aide-moi à trouver une solution pour être à l'heure. » Puis félicitez-le pour ses suggestions et dites-lui qu'il a été utile.

À NE PAS FAIRE

Ne perdez pas le contrôle

Si vous êtes pressé, et pas votre enfant, ne vous ralentissez pas encore plus en lui accordant votre attention (en le harcelant ou en criant pour qu'il continue, par exemple). Vous énerver ne ferait que l'encourager à user de sa décontraction pour exercer un pouvoir sur vous.

Ne lui faites pas de réflexions

Faire des réflexions à votre enfant pour qu'il se dépêche quand il traîne ne fait que lui accorder de l'attention pour ne pas avancer. Pour l'aider à accélérer, faites un jeu, comme la course contre la montre.

Ne traînez pas vous-même

Préparer votre enfant à partir, puis le laisser vous attendre lui laisse penser que vous ne faites pas vraiment ce que vous dites. N'annoncez pas que vous êtes prêt à partir chez sa grand-mère, par exemple, si vous ne l'êtes pas.

ALLISON À LA TRAÎNE

À trois ans, Allison avait le chic pour observer les brins d'herbe ou jouer avec les lacets de ses chaussures plutôt que de faire ce qu'il fallait faire. Ce comportement était idéal pour découvrir le monde, bien sûr, mais pas à l'heure de se préparer pour aller à l'école.

Mamy Harris, la grand-mère d'Allison, se mettait en colère et devait presque traîner sa petite-fille jusqu'à la porte de la crèche. « Dépêche-toi ! Arrête de traîner ! » ordonnait-elle. Mais Allison ne tenait pas compte de ses encouragements. Impuissante, en colère et amère envers sa petite-fille préférée, Mamy Harris finit par dire à sa fille qu'elle ne pouvait plus s'occuper d'Allison. Joanie lui conseilla alors de féliciter Allison quand elle essayait de ne pas traîner et de l'ignorer quand elle lambinait. Elle encouragea aussi sa mère à la récompenser quand elle se dépêchait – ce qu'elle faisait naturellement, elle qui adorait gâter sa petite-fille.

Mamy Harris établit avec sa fille un programme pour Allison en utilisant le chronomètre de son smartphone. Comme Allison n'avait que trois ans, elles décidèrent de découper ses préparatifs en petits objectifs faciles à gérer. Quand Joanie partit travailler, Mamy Harris annonça : « Il est l'heure de se préparer pour aller à l'école. Peux-tu battre le chronomètre et enlever ton pyjama avant qu'il sonne ? Allons-y ! »

« Je peux le faire ! » répondit Allison en commençant à se déshabiller. Elle fit ensuite de même pour les collants, la jupe, la chemise, puis les chaussures. Allison fut prête en un temps record.

« Oh la la ! s'exclama Mamy Harris. Regarde-toi, tu es habillée et prête ! Il nous reste du temps pour jouer à ton jeu. »

Et voilà. Allison réussit rapidement à se préparer sans le moindre problème. Mamy Harris était ravie des progrès de sa petite-fille. Elle la couvrait d'éloges et recommença à apprécier ce moment. Elle reprit le contrôle du temps qu'elles passaient ensemble. Elle découvrit aussi qu'Allison et elle pouvaient surmonter les problèmes avec l'aide de certains outils d'apprentissage, et sans accès de colère !

La destruction d'objets

Définition du problème

La frontière entre le jeu destructeur et le jeu créatif n'existe pas chez les jeunes enfants tant que les parents ne la leur ont pas inculquée. Avant le premier anniversaire de votre enfant, fixez les limites en lui disant (et en lui montrant) ce qu'il peut et ne peut pas peindre, déchirer et démonter. Vous éviterez ainsi à votre artiste en herbe d'endommager involontairement ses affaires et celles des autres. Vous devrez lui rappeler de temps à autre les règles pour prendre soin des choses. Les garçons se lancent généralement dans des jeux plus violents, ils ont besoin d'être surveillés de plus près pour éviter les dégâts. Vous devrez donc le lui rappeler plus souvent. Mais en général, vous devez constamment apprendre à votre enfant à être fier et à prendre soin de ses affaires, à laisser parler sa créativité sur du papier à dessin (et non sur le papier peint) ou à faire ses expériences de bricolage avec un faux téléphone (et non votre téléphone).

Prévention du problème

Fournissez des jouets assez solides pour être manipulés sans crainte

Il est naturel que les petits enfants essaient de démonter et de remonter les jouets qui se prêtent à ce genre d'activité (mais aussi ceux qui ne s'y prêtent pas). Pour stimuler le type de jeu créatif que vous souhaitez encourager, donnez à votre enfant des jouets qu'il peut manipuler (comme des jeux d'emboîtement, des tableaux d'activité et autres) en plus des autres (comme les peluches).

Donnez-lui plein d'objets à manipuler

Fournissez à votre jeune enfant toutes sortes de vieux vêtements et de vieux matériaux pour bricoler, se déguiser, peindre et autres, afin d'éviter qu'il utilise des objets neufs ou précieux.

Expliquez les règles précises d'utilisation des jouets

Les jeunes enfants ne connaissent pas la valeur des choses, ni comment jouer ou ne pas jouer avec leurs jouets. Donc, apprenez-leur, par exemple, à utiliser les crayons de couleur sur les livres de coloriage plutôt que sur les journaux ou les romans. Dites : « Ton livre de coloriage est le seul papier sur lequel tu peux colorier avec tes feutres. »

Concernant les autres comportements potentiellement destructeurs, dites : « Les livres ne sont pas faits pour être déchirés. Si tu veux déchirer du papier, demande-moi et je te donnerai des feuilles pour ça » ou « Cette voiture télécommandée ne marchera plus si tu la démontes. Par contre, tu peux dévisser ce jouet cassé si tu veux voir ce qu'il y a dedans ».

Surveillez-le quand il joue et soyez cohérent

Ne semez pas la confusion chez votre enfant en le laissant détruire ce qu'il ne devrait pas détruire. De même, si vous gâchez son plaisir en le réprimandant pour un interdit qui, au départ, n'en était pas un, il ne saura pas à quoi s'attendre et ne comprendra pas.

Rappelez-lui de prendre soin de ses affaires

Limitez au maximum les activités destructrices de votre enfant en soulignant les moments où il prend bien soin de ses jouets. Vous lui rappelez ainsi la règle, vous l'aidez à être content de son comportement et vous le rendez fier de ses affaires.

Montrez l'exemple

Montrez à votre enfant que vous prenez soin de vos affaires et dites-le : vous faites attention à votre ordinateur, vos livres ne servent pas de porte-gobelet et vous ne faites pas n'importe quoi avec votre téléphone.

Résolution du problème

À FAIRE

Exagérez la réparation des dégâts

Si votre enfant a plus de deux ans, apprenez-lui à prendre soin de ses affaires en le faisant participer à la réparation des dégâts qu'il a causés. Par exemple, s'il a écrit sur le mur, il doit non seulement nettoyer les traces qu'il a faites, mais aussi les murs de la pièce. Il acquiert ainsi un sentiment de propriété et de propreté. (Et il apprend par la même occasion à nettoyer les murs !)

Réprimandez-le

Réprimandez-le brièvement pour qu'il sache qu'il a mal agi. Dites, par exemple : « Arrête de déchirer le livre. » Puis dites-lui pourquoi ce n'était pas bien en ajoutant : « Nous voulons que nos livres restent en bon état pour pouvoir les lire.» Dites-lui enfin ce qu'il aurait pu faire avec le livre au lieu de le déchirer: «Les livres sont faits pour être lus. Lisons ce livre.» Au lieu de lui rappeler ses fautes, ces paroles lui enseignent le bon comportement.

Mettez votre enfant en temps calme

Si, malgré vos réprimandes, il recommence à détruire les affaires, réprimandez-le à nouveau et mettez-le en temps calme. Dites-lui de se demander comment prendre soin de ses affaires plutôt que de les détruire.

Félicitez-le souvent quand il prend soin de ses affaires

Quand vous surveillez votre enfant en train de jouer, félicitez-le quand il suit les règles et prend soin des affaires. Dites, par exemple: «Tu colories gentiment ton livre de coloriage» ou «Tu joues si gentiment avec ton camion. Comme ça, il ne sera pas cassé».

À NE PAS FAIRE

Ne dramatisez pas

Si votre enfant casse quelque chose, ne vous mettez pas en colère. Votre colère insinue que vous tenez plus à vos affaires qu'à votre enfant. Assurez-vous que votre déception n'est pas disproportionnée par rapport à ce qui s'est passé.

N'appliquez pas une punition excessive

Le fait que votre enfant ait abîmé un objet auquel vous teniez ne vous donne pas le droit d'abîmer votre enfant. Au lieu de le punir, éloignez l'objet précieux jusqu'à ce qu'il soit en âge d'en mesurer la valeur.

TIM LA TERREUR

Walt et Becky Brady savaient que leur fils de trois ans était un petit destructeur bien avant que son enseignante de maternelle les convoque. Ils en avaient à raconter, des histoires de crayons violets sur le papier jaune de la salle à manger, de voitures et de camions aux roues arrachées, et de pages de livres déchirées. Le jour où Tim avait dessiné sur l'écran d'ordinateur de Becky avec des marqueurs indélébiles avait été la goutte d'eau qui avait fait déborder le vase.

Quand les Brady revinrent à la maison après l'entretien, la baby-sitter raconta que Tim avait à nouveau dessiné sur le carrelage. « Quand vas-tu arrêter de tout détruire, Tim ? » cria Walt en envoyant Tim dans sa chambre. Un peu plus tard, les Brady découvrirent que Tim avait déchiré trois de ses albums dans sa chambre.

Les Brady décidèrent de changer d'approche. Au lieu de crier contre Tim, ils lui demandèrent de réparer les dégâts. Quand ils reprirent Tim en train de déchirer une page de livre, ils dirent : « Tu dois maintenant réparer ce livre, Tim. » Ils l'emmenèrent par la main chercher du scotch et l'aidèrent à réparer les dégâts.

Tim dut non seulement réparer les livres, mais aussi nettoyer les murs, gommer le crayon sur le carrelage et recoller les cartes qu'il avait déchirées. Walt commença aussi à satisfaire la curiosité de Tim en lui demandant de l'aider à faire des réparations dans la maison. Tim apprit à se servir d'un tournevis, d'une clef à molette et autres outils. Il réparait plus qu'il ne détruisait. Le phénomène était intéressant : Tim détruisait rarement ce qu'il avait réparé.

Chaque fois que Tim déchirait un livre, ses parents lui réexpliquaient ce qu'il avait ou non le droit de déchirer. Ils l'encouragèrent également à être aussi responsable de ses affaires qu'ils l'étaient des leurs. Tim finit par assumer ses responsabilités. Il rayonnait de fierté quand ses parents le félicitaient d'avoir pris soin de ses livres, de ses jouets et de ses peluches. Et quand ses vieux démons destructeurs le reprenaient, il s'empressait de réparer les dégâts.
Ce n'est pas parce que Tim était de moins en moins destructeur que ses parents s'attendaient à ce qu'il prenne soin de ses jouets comme ils prenaient soin de leurs jouets d'adulte. Mais ils lui montraient l'exemple pour qu'il voie qu'ils respectaient eux-mêmes leurs propres règles de respect de la propriété.

L'exploration des interdits

Définition du problème

La première année, les enfants se livrent avec bonheur à l'exploration de leur corps, de leurs orteils à leurs dents. Ils ne savent pas automatiquement ce qui est interdit et ce qui ne l'est pas. Mais à l'âge de deux ans, si vous le leur avez clairement énoncé, ils sont capables de faire la distinction. À l'heure de canaliser les aventures de vos petits explorateurs, pensez à l'équilibre que vous essayez de trouver entre l'expression d'une curiosité saine et normale et l'enseignement du bon et du mauvais comportement. Voir aussi « L'exploration des limites », page 295; et Annexe II : « Le point sur la sécurité des enfants », page 335.

Prévention du problème

Équipez votre logement de sécurités enfants

Si vous fermez les portes, bloquez les escaliers, fermez les placards à clé et bloquez l'accès aux zones dangereuses, vous réduirez la fréquence à laquelle vous devrez dire non à votre enfant. Les jeunes enfants cherchent à établir leur indépendance et à marquer le monde de leur empreinte et ne comprennent pas pourquoi ils ne peuvent pas faire ce qu'ils veulent. Instaurer des limites physiques vous aidera à éviter d'inutiles confrontations (voir Annexe I : « Les étapes majeures du développement de l'enfant », page 327).

Décidez ce qui est interdit

Fixez des limites à votre enfant et répétez-les-lui tôt et souvent. Dites, par exemple : « Tu peux jouer dans le salon et dans la cuisine, mais pas dans le bureau de papa ou de maman. »

Retirez les objets de valeur que vous ne voulez pas voir cassés

Un bambin ou un petit enfant ne comprendra pas la différence entre un vase hors de prix et un vase en plastique. Jouez la sécurité en rangeant les objets de valeur jusqu'à ce que votre enfant cesse de tout attraper malgré les interdictions. Il arrive même aux plus grands (et aux adultes !) de casser des objets de valeur quand ils chahutent, bien sûr.

Apprenez-lui comment et quand aller dans les zones interdites

Expliquez à votre enfant comment se conduire dans les zones interdites. Ne jamais l'autoriser à aller dans une pièce ou à traverser la rue, par exemple, ne fait que lui en donner encore plus envie de le faire. Dites : « Tu peux aller dans le bureau de maman, mais seulement avec maman ou avec un autre adulte. »

Résolution du problème

À FAIRE

Réprimandez-le

Réprimandez votre enfant chaque fois qu'il brave un interdit. Il saura ainsi que vous pensez vraiment ce que vous dites.

Dites : « Arrête de fouiller dans le tiroir de mon bureau ! Je suis désolé que tu prennes des affaires de mon bureau. La règle est que, si tu veux quelque chose dans le tiroir de mon bureau, tu dois me le demander. »

Mettez votre enfant en temps calme

Si votre fille touche à votre maquillage (et que c'est un interdit), réprimandez-la et mettez-la en temps calme pour méditer sur les moyens de suivre les règles et de vous demander à jouer avec du maquillage.

Félicitez votre enfant quand il respecte les règles

Dites-lui à quel point vous êtes fier qu'il respecte les règles. En le félicitant ainsi, vous récompensez le comportement souhaité en lui accordant de l'attention, ce qui l'encouragera à recommencer à bien agir. Dites : « Merci d'être venu me demander si tu pouvais prendre les feutres dans mon tiroir. »

Apprenez-lui à toucher avec les yeux, pas avec les mains

Dites-lui qu'il peut regarder la grande plante en pot dans le salon avec les yeux, mais pas avec les mains. Il est libre de l'explorer, mais dans certaines limites.

À NE PAS FAIRE

Ne laissez pas des couteaux à portée de main de vos enfants

Conservez tous les couteaux ou objets dangereux hors de portée des enfants. Mieux vaut prévenir que guérir.

Ne rendez pas les interdits plus tentants en vous mettant en colère

Si vous vous mettez en colère quand votre enfant enfreint une règle, il verra qu'il peut attirer votre attention en se conduisant mal, ce qui l'encouragera à mal se comporter.

Ne le punissez pas

Plutôt que de punir votre enfant pour sa curiosité naturelle et son esprit d'initiative, apprenez-lui à utiliser sa curiosité en toute sécurité – une compétence qui lui servira toute sa vie. Au lieu d'essayer d'éradiquer un comportement déplacé, soulignez le positif.

« NE TOUCHE PAS ! »

« La curiosité est un vilain défaut. » C'est ce que la mère de Sophia Stein disait à sa fille quand elle fouillait dans son bureau, un lieu qui lui était interdit dans son enfance. Des années plus tard, c'est Sam, son fils de quinze mois, qui s'amusait avec les lampes et les plantes interdites. Elle savait qu'il n'était pas intentionnellement méchant et que son comportement était celui d'un enfant normal. C'est sa réaction à sa curiosité qu'elle ne trouvait pas normale. Elle ne faisait pas preuve de grande retenue. « Non ! Ne touche pas ! » criait-elle dès qu'il touchait des objets qu'il savait être interdits.

Sophia finit par comprendre que Sam ne faisait qu'apprendre à éviter la sanction en commettant ses « délits » derrière son dos. Elle décida donc de mettre sous clé tout ce qu'elle ne voulait pas qu'il touche, de mettre les objets fragiles hors de sa portée et de le surveiller du mieux possible.

« Touche avec les yeux, pas avec les mains », dit-elle à Sam un matin où il était particulièrement actif et où il avait commencé à vider un coffret à bijoux qu'elle avait oublié de ranger en hauteur. Elle lui prit le coffret et le conduisit dans la cuisine, où ils passèrent tous les deux un bon moment à sortir les poêles et les casseroles du placard. Ils jouèrent également avec une clé et une serrure géantes et autres jeux qui stimulaient son imagination et sa curiosité – des jouets adaptés à son âge et qu'il pouvait démonter et démolir.
Une fois les objets dangereux et chers hors de portée de Sam et remplacés par des choses avec lesquelles il pouvait jouer en toute sécurité, la vie des Stein devint plus agréable. Sophia savait qu'elle devrait continuer de surveiller la curiosité de son fils, même si toutes les sécurités enfants étaient en place, mais elle lui accorda plus de liberté.
Un jour, Sam lui prouva qu'il apprenait les règles en lui montrant sa tablette, qu'il savait être interdite, et en disant : « Stop ! C'est à maman ! Ne touche pas ! » Pour récompenser son geste, Sophia lui donna une boîte de riz hermétiquement fermée qu'il adorait secouer comme un hochet. Les « jouets » de chacun étaient enfin en sécurité !

Les conflits à table

Définition du problème

Aujourd'hui, beaucoup d'enfants ont des besoins alimentaires spéciaux pour toutes sortes de motifs, notamment la santé et la religion. Ils ne comprennent pas les raisons de ces restrictions alimentaires – sans gluten, sans arachides, sans porc ou sans viande – et peuvent pleurnicher, pleurer, s'énerver et même subtiliser un aliment « hors la loi » qui leur est refusé. Le lien entre certains aliments et les maux d'estomac n'est peut-être pas aussi évident pour votre enfant que pour vous, et argumenter avec lui ne l'aide pas forcément à accepter son sort.

Prévention du problème

Logez toute la famille à la même enseigne

Quand un régime alimentaire concerne uniquement votre enfant, il est important que tous les membres de la famille adaptent leur propre alimentation en soutien pour l'aider à le suivre. Les enfants les accepteront mieux s'ils sont entourés d'adultes attentionnés et empathiques.

Bannissez l'aliment interdit de la maison

Mieux vaut ne pas avoir de beurre de cacahuètes et de pain blanc dans la maison que d'essayer d'en limiter la consommation. Votre enfant ne peut pas manger en douce un aliment qui n'est pas présent. Loin des yeux, loin du cœur !

Impliquez les amis et votre équipe éducative

Il est important que tous les membres de votre équipe éducative connaissent les restrictions alimentaires de votre enfant, qu'elles soient motivées par la santé, la religion ou autres. Avant qu'il aille chez un copain, à l'école ou chez ses grands-parents, les adultes doivent être conscients de ces restrictions et veiller à ce que les aliments interdits ne soient pas à portée de votre enfant.

Résolution du problème

À FAIRE

Faites preuve d'empathie

Quand votre enfant pleure parce qu'il ne peut pas manger un aliment pour des raisons de santé, dites-lui que vous comprenez et que vous êtes vraiment désolé pour lui. Ajoutez que vous êtes content qu'il se sente bien quand il ne mange pas cet aliment qui le rend malade. Mieux vaut le dire avec un câlin. Il n'y a jamais de restrictions aux câlins.

De même, quand un jeune enfant a du mal à accepter les restrictions alimentaires liées à la religion, vous pouvez être en empathie et en profiter pour faire un peu de pédagogie. Dites, par exemple : « Je sais qu'il est difficile de ne pas pouvoir manger la même chose que certains de tes copains. C'était dur pour moi aussi, quand j'avais ton âge. Mais il est important de respecter nos traditions et de comprendre nos raisons. Nous en parlerons plus longuement après le repas. »

Proposez des substituts

Dites à votre enfant que vous êtes désolé qu'il ne puisse pas manger de beurre de cacahuète, mais heureux qu'il puisse manger du beurre d'amande. Et ajoutez qu'il peut même en manger avec sa confiture préférée !

Félicitez sa bonne volonté

Quand votre enfant accepte l'interdit ou un substitut, félicitez sa bonne volonté en disant, par exemple : « Je te remercie de comprendre que tu ne peux pas manger de beurre de cacahuète » ou « Tu as pris la bonne décision. Le beurre d'amande est bon et ne te rendra pas malade ».

Donnez-lui des outils de langage

Pour aider votre enfant à accepter ses restrictions alimentaires, commencez par dire des choses comme : « Voici ce que nous pouvons avoir à la maison » quand votre enfant réclame des aliments interdits. Dire « Ce que nous pouvons manger… » est une affirmation préférable à : « On ne peut pas manger… » Ou aidez votre enfant à dire : « Je peux manger des carottes » plutôt que de dire « Je ne peux pas manger de noisettes ». Si on lui propose l'aliment interdit, il aura plus de chances de respecter ses interdits alimentaires s'il peut dire ce qu'il peut manger.

Entraînez-vous avec lui

S'entraîner est un excellent moyen de traduire les mots en actions. Indiquez à votre enfant ce qu'il peut dire et entraînez-vous plusieurs fois. Quand vous dites, par exemple : « Tu veux des cacahuètes ? », entraînez-le à répondre : « Je peux manger des noix de cajou. » Vous l'aiderez à prendre des habitudes de pensée et d'action et à trouver les mots qui lui rappelleront ce qu'il peut manger.

Félicitez-le quand il accepte son alimentation

Les félicitations aident votre enfant à se dire que vous n'êtes pas son ennemi, mais un adulte attentionné. Dites : « Merci d'accepter ce que tu peux manger et ne pas manger. Je sais que c'est difficile, mais tu vas tellement bien ! »

À NE PAS FAIRE

Ne cédez pas

Quand votre enfant pleure parce qu'il ne peut pas avoir un aliment interdit, résistez à l'envie de céder et de vous dire : « Allez, juste un cookie ! » Si les pleurs portent leurs fruits, vous pouvez vous attendre à ce qu'ils reviennent souvent à l'avenir.

Ne soyez pas en colère

Quand votre enfant réclame un aliment interdit, la colère et les cris ne lui apprendront pas à accepter des restrictions alimentaires. Vous deviendrez une source de stress et vous serez toxique au lieu d'être un adulte attentionné en qui il peut avoir confiance pour être en sécurité et en bonne santé.

Ne proposez pas de mauvais substituts alimentaires

Si vous êtes désolé que votre enfant ne puisse pas manger des noix, vous pouvez être tenté de compenser par un petit plaisir, par exemple en lui donnant un bonbon. Remplacer un aliment mauvais par un autre ne lui apprendra pas à gérer son alimentation.

PARKER LE CHIPOTEUR

À cinq ans, Parker Ellsworth adorait les pâtes et aurait pu manger des spaghettis sauce tomate à tous les repas. Il adorait également le pain et les canapés que préparait sa grand-mère.

Puis un jour, Parker commença à chipoter. Il disait avoir faim, mais au bout de quelques bouchées il n'en voulait plus – même ses plats préférés. Rien de ce que faisaient ses parents, Clair et Sam, ne l'incitait à manger. Il perdit du poids et devint très maigre. Il commença aussi à se plaindre de douleurs d'estomac. Ses parents se mirent à chercher des sources de stress dans sa vie. Mais elle semblait plutôt normale et aussi dépourvue de stress que la vie de n'importe quel jeune garçon. Il adorait l'école, il avait de bons copains dans le quartier et il avait de bons rapports avec ses parents et sa famille élargie.

Claire, qui était infirmière, commença à s'interroger sur d'éventuelles causes physiques aux douleurs d'estomac de Parker. Une visite chez le médecin élimina tout problème physique et les examens ne révélèrent aucune maladie cœliaque. Inquiets de ces maux d'estomac chroniques sans aucune cause diagnostiquée, Claire et le médecin décidèrent de supprimer un par un des groupes d'aliments pour découvrir si l'un d'eux en particulier était à l'origine du problème de Parker.

Les pâtes et le pain constituant une grande part de son alimentation, Claire décida de commencer par là. Privé de ses pâtes et de son pain préférés, Parker devint fou.

Il supplia. Il pleurnicha. Il négocia. Il pleura. Et fit un raffut de tous les diables. Mais Claire tint bon : « Je sais que tu veux tes spaghettis, mais essayons d'autres plats. Pourquoi pas du céleri ou une pomme avec du beurre de cacahuètes ? » Quand les crises persistaient, Claire et Sam serraient tous deux Parker dans leurs bras et lui disaient à quel point ils étaient désolés qu'il ne puisse pas manger ce qu'il voulait. Ils s'en tinrent à leur plan et découvrirent que les maux d'estomac de Parker disparaissaient quand il ne mangeait pas d'aliment contenant du gluten.

Ils se convertirent au sans gluten ! Claire regrettait certains aliments, mais Sam se sentait mieux, comme son fils.

Il découvrit qu'il avait lui aussi une prédisposition génétique à la sensibilité au gluten !

Les levers nocturnes

Définition du problème

Les jeunes enfants sont nombreux à réclamer un livre, un bisou, un verre de lait à des heures tardives – ou à se glisser dans le lit de leurs parents. Souvenez-vous que le besoin de sommeil de votre enfant est très important. Il vous demande probablement ces dix livres et ces quatre verres de lait uniquement pour que vous restiez près de lui. Apprenez-lui qu'aller se coucher lui vaudra beaucoup plus de récompenses que de refuser de se coucher.

Si vous ne savez pas si votre enfant sort de son lit parce qu'il a un vrai besoin ou uniquement pour attirer votre attention (par exemple, s'il ne parle pas encore ou s'il pleure au lieu de formuler une demande), allez le voir. S'il est en sécurité et en bonne santé, faites-lui un petit bisou et un rapide câlin (trente secondes au maximum) puis sortez. Dites-lui avec fermeté et affection qu'il est l'heure de dormir, pas de jouer.

Prévention du problème

Discutez des règles du coucher à un autre moment de la journée qu'à l'heure du coucher

Fixez des limites au nombre de verres d'eau ou de passages aux toilettes à l'heure du coucher. Annoncez-lui ces règles à un moment neutre pour qu'il soit conscient de ce que vous attendez de lui à l'heure du coucher. Dites : « Tu peux prendre deux livres dans ton lit et boire un verre d'eau, et je te lirai deux histoires avant que tu te couches.»

Promettez des récompenses en cas de respect des règles

Faites comprendre à votre enfant que respecter les règles, et ne pas les enfreindre, lui vaudra des récompenses. Dites : « Quand tu auras passé toute la nuit dans ton lit, tu pourras choisir ton histoire préférée le matin.» Les récompenses peuvent être d'aller au parc, de jouer à ses jeux préférés, ou autres bons moments que votre enfant aime passer avec vous.

Insistez sur l'idée de retourner dormir

Quand vous mettez votre enfant au lit, rappelez-lui les règles du coucher. Dites, par exemple : «Tu te souviens : si tu vas te coucher et que tu restes dans ton lit, nous allons au parc le matin. Dors bien ! »

Faites le rituel du coucher dans le lit de votre enfant

Effectuez tout le rituel du coucher dans son lit. S'il décide qu'il veut vous faire un câlin, faites-le dans son lit. S'il est encore dans un berceau, faites le câlin dans le berceau.

Résolution du problème

À FAIRE

Restez ferme sur vos règles

Appliquez la règle chaque fois que votre enfant l'enfreint. Vous lui apprendrez ainsi que vous pensez vraiment ce que vous dites. Par exemple, quand vous remettez votre enfant dans son lit après qu'il est venu dans votre lit (en violation de la règle), dites : « Je suis désolé que tu sois venu dans notre lit. Rappelle-toi la règle : chacun dort dans son lit. Je t'aime. À demain. »

Tenez vos promesses de récompenses

Apprenez-lui à vous faire confiance en tenant vos promesses de récompenses quand il respecte les règles.

Jouez au « jeu du silence »

Une fois que vous lui aurez fait des câlins et des bisous et que vous l'aurez bordé, dites : « Jouons au jeu du silence. Voyons combien de temps tu peux rester silencieux. Chhhhh. » Puis, murmurez : « Tu es tellement silencieux. Je serai juste derrière la porte à écouter. » Puis sortez de sa chambre et écoutez. Les enfants adorent les défis. Ils essaieront de rester silencieux jusqu'à ce que le sommeil vienne paisiblement.

À NE PAS FAIRE

Ne renoncez pas à appliquer les règles

Une fois que vous avez fixé des règles, ne les modifiez pas avant d'en avoir discuté au préalable avec votre enfant. Chaque fois que vous n'appliquez pas les règles avec cohérence, votre enfant apprend à continuer d'essayer d'obtenir ce qu'il veut malgré votre refus.

Ne cédez pas aux cris

Si votre enfant crie parce que vous avez appliqué la règle du coucher, rappelez-vous qu'il apprend une importante leçon sur la santé : la nuit est faite pour dormir. Chronométrez le temps que votre enfant passe à crier et tracez une courbe de la progression de sa résistance au coucher. Si vous ne réagissez pas à ses cris, la durée des pleurs devrait diminuer progressivement et finir par cesser.

Ne le menacez pas et ne lui faites pas peur

Les menaces du type « Si tu sors de ton lit, les alligators vont te manger » ou « Si tu recommences, je vais te punir » ne font qu'exacerber le problème. La peur peut maintenir votre enfant au lit, mais elle peut aussi grandir jusqu'à ce qu'il ait peur de tout. Souvenez-vous que les menaces ne sont jamais bonnes et nuisent à vos relations de confiance.

Ne lui parlez pas de loin

Hurler des menaces et des règles depuis une autre pièce lui apprend à crier et lui dit que vous ne tenez pas suffisamment à lui pour lui parler en face.

MAYA ET SES DÉAMBULATIONS NOCTURNES

À deux ans et demi, Maya Long faisait des nuits complètes depuis ses six mois. Mais depuis quelques semaines, elle ne dormait que quelques heures puis réveillait ses parents aux cris de « Maman ! Papa ! ». Au début, ils se précipitaient pour voir ce qui n'allait pas, tout cela pour l'entendre réclamer des verres d'eau une nuit, un câlin de plus la suivante, et les toilettes le reste du temps.

Après plusieurs semaines de ce régime, les parents de Maya, fatigués, décidèrent de mettre un terme à ses requêtes. « Si tu ne restes pas dans ton lit, tu vas être punie, jeune demoiselle », la menacèrent-ils. Puis ils retournèrent se coucher pour mieux entendre leur fille descendre les escaliers en direction de leur chambre. Leurs lourdes menaces ne semblaient pas faire le poids.

Les Long pensaient que les réveils nocturnes de Maya étaient normaux. Après tout, nous avons tous des périodes de sommeil léger et de sommeil profond. Mais ils savaient aussi que leur fille pouvait choisir de se rendormir plutôt que de les appeler. Et ils se savaient capables de faire la distinction entre un véritable appel de détresse (un cri intense et ininterrompu) et une simple demande d'attention (cris brefs ponctués de moments d'écoute).

Pour résoudre le problème, ils accordèrent plus d'attention à Maya quand elle restait dans son lit. « Voici la règle : si tu restes au lit sans nous appeler, lui expliquèrent-ils quand ils la couchèrent le lendemain, tu auras ta surprise préférée au petit déjeuner. » Ils formulèrent cette nouvelle règle en des termes suffisamment clairs et compréhensibles pour leur fille.

Ce soir-là, Maya appela sa mère : « Je veux boire ! » Sa mère lui rappela sa promesse : elle n'aurait pas sa surprise le lendemain matin. Au bout de trois nuits, Maya comprit que ses cris ne faisaient pas venir ses parents et que rester silencieusement au lit toute la nuit était la promesse de surprises au petit déjeuner.

Les Long finirent par réussir à faire des nuits complètes et Maya découvrit que, récompense supplémentaire, les compliments que lui valaient les nuits complètes lui donnaient le sentiment d'être plus grande et plus importante.

Les jeux de guerre

Définition du problème

Les parents se plaignent souvent que leurs petits garçons adorent transformer tous les objets qu'ils touchent en armes. Que ce soient des battes de baseball ou des carottes, tous les objets leur servent d'armes, dont ils se servent pour imiter ce qu'ils voient à la télévision (les garçons étant plus impactés par la violence à la télévision que les filles). Les jeunes enfants ne traitent pas l'information comme le font les adultes, pas plus qu'ils ne disposent des outils pour analyser ce qu'ils voient (voir « Garçons-filles : comprendre la différence », page 44).

On sait aujourd'hui que les jeunes enfants qui possèdent des armes et autres jouets violents se montrent plus agressifs que ceux qui ne font que regarder des programmes de télévision violents. Mais les études montrent aussi qu'à l'âge de trois ans ils imitent aussi facilement une personne vue à la télévision qu'une vraie personne. Les études sur l'impact de la violence à la télévision en arrivent toutes à la même conclusion : les enfants découvrent de nouvelles formes d'agressivité et en concluent que l'agressivité leur vaut des récompenses.

Les enfants qui voient des personnages à la télévision obtenir ce qu'ils veulent en utilisant des armes ont plus de chances de reproduire eux-mêmes ces gestes. Quand les parents approuvent le maniement des armes ou ont eux-mêmes des comportements violents, ils leur montrent un mauvais exemple (voir chapitre 3, page 47). En revanche, les parents qui montrent à leurs enfants comment résoudre leurs problèmes sans violence et qui les félicitent constamment d'avoir trouvé des solutions pacifiques aux conflits donnent l'exemple d'un comportement moins agressif.

Quand votre jeune enfant joue au pistolet avec ses frites, ne paniquez pas, mais n'ignorez pas non plus son jeu. Apprenez-lui que faire semblant de blesser physiquement peut choquer. C'est une leçon importante. Gardez à l'esprit que le comportement des adultes les plus proches d'un enfant façonne son propre comportement et l'incite à être gentil ou cruel. Surveillez ce que vous faites et dites – et faites attention à votre irascibilité – pour mieux calmer son appétit de jeux violents.

Prévention du problème

Faites de l'empathie une règle familiale

Si votre enfant se montre agressif, instaurez une règle qui dit ce qu'il a et n'a pas le droit de faire quand il utilise ses jouets à des fins violentes. Dites, par exemple : « La règle est la suivante : "Nous sommes gentils avec les autres pour leur montrer que nous tenons à eux." Pointer des armes, même fausses, va à l'encontre des règles familiales, car c'est choquant et effrayant. »

Réfléchissez avant de parler

Utilisez des mots et un ton de voix que vous ne craindriez pas que votre enfant reprenne. Par exemple, quand il enfreint une règle, au lieu de le menacer (même en plaisantant) de lui « couper la tête s'il n'arrête pas », dites calmement : « Je suis désolé que tu aies décidé de ne pas suivre la règle qui interdit de faire semblant d'utiliser une arme. La règle est la suivante : "Nous sommes gentils les uns avec les autres et nous ne faisons jamais ne serait-ce que semblant de faire mal." »

Montrez l'exemple de la gentillesse

Vous êtes le premier et le plus important modèle de rôle de votre enfant. Si vous l'écoutez, si vous l'embrassez, si vous vous excusez et si vous le respectez, il apprendra à en faire de même avec les autres.

Apprenez à contrôler votre colère

Ce qui fait «exploser» vos enfants est la même chose que ce qui fait exploser les adultes. Nous nous mettons en colère contre ce qui nous échappe. Imaginons que vous espériez que vous allez avoir une augmentation, que la circulation est fluide, que vous rentrez encore dans votre robe préférée, etc. Si aucun de ces vœux ne se réalise, ne craquez pas. En restant calme, vous offrez un bel exemple à votre enfant. Vous lui montrez que vous régulez vos émotions quand les choses ne vont pas comme vous le souhaitez.

Résolution du problème

À FAIRE

Enseignez l'empathie

Quand votre enfant fait semblant d'attaquer une personne avec un faux pistolet ou un autre objet, profitez-en pour faire un peu de pédagogie. Amenez-le à se demander ce qu'il ressentirait s'il se faisait tirer dessus par un faux pistolet. Dites: «Les armes à feu peuvent blesser. Que dirais-tu si quelqu'un faisait semblant de te tirer dessus ? Je ne veux pas effrayer ni blesser quiconque. J'espère que toi non plus.»

Encouragez la coopération

Les enfants qui apprennent à aimer construire, partager et entreprendre des activités sociales supervisées auront moins de risques de jouer à des jeux violents. Félicitez votre jeune enfant quand il s'entend bien avec les autres pour qu'il sache que vous approuvez qu'il joue gentiment. Dites : « J'aime quand tu t'entends bien avec les autres et quand vous partagez gentiment vos jouets. »

Limitez les programmes télé et les jeux vidéo violents

Il est démontré que les jeunes enfants aiment reproduire ce qu'ils voient. Beaucoup d'enfants sont victimes de camarades qui imitent dans la « vraie vie » les coups que leurs personnages préférés utilisent dans les fictions ou les jeux vidéo. Une identification forte avec un personnage violent et la certitude que la situation fictive est réaliste génèrent une plus grande agressivité.

Vous devez savoir ce que votre enfant regarde et à quels jeux il joue. Limitez la quantité de contenu violent à laquelle votre enfant est exposé en fixant des règles concernant les programmes qu'il peut regarder, les jeux auxquels il peut jouer et le temps qu'il peut y consacrer. Contrôlez l'accès aux écrans de manière à chasser la violence de votre maison et de l'imagination de votre enfant (voir « Le trop d'écrans », page 307).

Quand votre enfant est devant un écran, regardez avec lui

Pour l'aider à devenir un spectateur averti, il est important d'être là pour discuter de ce qu'il voit à l'écran. Par exemple, si un personnage est victime de violence, vous pouvez lui rappeler ce qu'est la violence, son impact sur la victime et les blessures et les dégâts qu'elle provoque dans la vraie vie (même si ce n'est pas le cas à l'écran).

Apprenez-lui à faire amende honorable

Quand un enfant particulièrement énergique essaie de « tuer » un frère ou une sœur ou un copain avec une règle par exemple, retirez-lui l'« arme » et réprimandez-le en disant : « Les armes à feu font du mal. La règle est la suivante : "Nous sommes gentils les uns avec les autres et nous ne faisons jamais ne serait-ce que semblant de blesser quelqu'un." Nous ne nous faisons pas du mal ; nous nous aimons. Je te demande de dire à Sam que tu es désolé d'avoir pointé un pistolet sur lui. » Si votre enfant respecte vos consignes, dites : « Merci d'être l'ami de Sam. J'aime bien ta manière de lui montrer que tu tiens à lui. »

Limitez l'agressivité en lui enseignant le compromis

Aidez votre enfant à apprendre à régler les disputes pacifiquement. Si vous le voyez frapper un copain qui lui a pris son jouet, dites : « Demande-toi ce que tu pourrais faire d'autre quand ton copain prend ton jouet et que tu veux le récupérer. Tu pourrais régler le chronomètre comme je le fais pour qu'il puisse jouer un moment et que tu puisses l'avoir ensuite. Vous pourriez ainsi en profiter et vous amuser tous les deux. »

À NE PAS FAIRE

Ne tapez pas !

Peu importe à quel point il est tentant de donner la fessée à un enfant pour lui « mettre du plomb dans la tête » ou « lui donner une bonne leçon », vous devez résister à l'envie. Vous avez beau être en colère et avoir peur quand il traverse la rue sans votre permission, lui donner la fessée lui adresse un message contradictoire : j'ai le droit de te taper, mais toi tu n'as le droit de taper ni moi ni les autres.

Faites ce que vous dites. La fessée lui enseigne qu'il est normal de faire mal pour obtenir ce que l'on veut, ainsi que beaucoup d'autres leçons que vous ne voulez pas que votre enfant apprenne (voir chapitre 3, page 47). Même une simple tape occasionnelle sur le derrière envoie le message affligeant qu'il est normal de taper pour parvenir à ses fins quand on est plus grand et plus fort. Les études ont également montré que les enfants de trois ans qui reçoivent deux fessées par mois sont près de 50 % plus agressifs que les enfants de cinq ans qui ne reçoivent jamais de fessées.

Évitez de dramatiser

Quand votre enfant fait semblant de tuer son petit frère avec son stylo, restez calme. Au lieu de simplement interdire ce comportement, profitez-en pour faire un peu de pédagogie en disant : « Je suis désolé que tu aies enfreint la règle qui veut que l'on traite les autres gentiment. Faire semblant de tuer ton frère est méchant et irrespectueux. Redis-moi comment traiter les autres et montre-moi comment traiter ton frère avec respect. »

Ne menacez pas

Menacer de taper votre enfant avec une cuillère en bois quand il fait semblant de taper sa sœur avec sa peluche ne fait que lui apprendre à redouter votre présence. Pour votre enfant, une menace est une promesse vide et un exemple du manque de parole des parents. Au lieu de proférer des menaces violentes telles que : « Je vais te donner une fessée si je te vois faire semblant de tirer sur ton frère avec ce rouleau d'essuie-tout vide », dites simplement : « Je suis désolé que tu aies choisi d'enfreindre notre règle qui dit que l'on ne fait pas semblant de faire mal. Je veux que tu te demandes si tu ne serais pas effrayé si quelqu'un pointait une arme à feu sur toi. »

KYLE « LA FRAYEUR »

Quoi qu'il ait à la main, Kyle Liggett, du haut de ses trois ans, en faisait une arme à feu, un couteau ou une épée avec lesquels il tirait, frappait ou tailladait tous les « méchants » qui l'entouraient. Diane, sa mère, était hors d'elle. Elle était persuadée que, si elle n'avait pas fait entrer des armes factices dans la maison, son fils n'aurait pas eu des jeux aussi violents. Miles, le père de Kyle, n'était pas du même avis. « Diane, les garçons seront toujours des garçons. Regarde, j'avais des faux pistolets quand j'étais enfant et je n'ai jamais tiré sur personne ! »

« Mais il transforme tout en arme, se plaignait Diane. Ce midi, il a mangé son sandwich au beurre de cacahuètes et à la confiture en lui donnant la forme d'un pistolet et il a fait semblant de me tirer dessus. J'ai eu peur en voyant son regard méchant quand il a pointé son "arme" sur moi. »

« Tu devrais lui donner la fessée quand il fait ça, répondit Miles. Ça lui apprendrait à ne pas pointer une arme, même fausse, sur qui que ce soit. »

« Je ne vais pas lui donner une fessée, s'indigna Diane. Ça n'a pas de sens de lui faire mal pour lui apprendre à ne pas faire mal. J'ai parlé à Amy, la mère de Josh. Ils ont fait réfléchir Josh à ce que les autres ressentent quand une arme est pointée sur eux. Ils ont également fixé pour règle que la violence dans les médias n'est pas la bienvenue chez eux. Ils éteignent les écrans dès que Josh choisit de regarder des bêtises. Elle m'a dit qu'il a compris le message. »

« Essayons de faire pareil, suggéra Miles. À propos, je viens de penser à une chose. Tu sais que je dis toujours des choses comme : "Si tu recommences, je t'arrache le bras !" J'imagine que cela lui envoie le message que, si une personne est en colère contre une autre, elle peut lui faire mal. »

Au cours des semaines suivantes, les parents de Kyle bannirent la violence de leurs propos. Au lieu de le menacer quand il faisait semblant de leur tirer dessus, ils disaient par exemple : « Je suis désolé que tu choisisses de pointer une arme sur nous. Les armes peuvent tuer, et pointer une arme fait peur. Joue à la maîtresse avec cette règle au lieu de faire semblant de faire mal. Regarde ! Si tu places la règle sur le papier, tu peux tracer une ligne droite avec tes feutres. »

Un jour, Diane dit à Miles : « C'est étonnant. J'ai repris Kyle chaque fois qu'il transformait un objet en arme et je lui ai montré une autre utilisation. Et maintenant il dit : "Maman n'aime pas voir ça" chaque fois que quelqu'un est violent à la télévision. »

Miles rit et dit : « J'ai entendu Kyle jouer avec Josh, et quand ils ont commencé à faire semblant de se tirer dessus, il a dit : "Ce n'est pas bien de pointer une arme sur les gens. Ça leur fait de la peine. Viens, on va jouer avec mes camions." »

L'interdiction de faire semblant de tirer était valable à la maison, mais aussi à la maternelle, à l'église et ailleurs. Les Liggett savaient que leur fils ne voulait pas vraiment faire mal, mais ils savaient aussi que d'autres ne partageaient pas leur sentiment. Ils voulaient que Kyle comprenne que la vie est précieuse et qu'il ne faut pas faire mal. Et ils espéraient que tous les enfants aient la chance d'entendre ce message de la bouche d'un parent affectueux.

L'« hyper » activité

Définition du problème

« Jackie est tellement surexcité ! s'exclama sa grand-mère après deux heures de baby-stitting épuisant avec sa petite fille. Elle ne s'est pas assise une seule fois, même pas pour manger ! »

La mère de Jackie avait déjà entendu dire que sa fille était « surexcitée », mais quand sa propre mère commença à se plaindre du comportement de sa fille, elle se demanda : « Jackie est-elle une fillette de deux ans normale et active ou est-elle hyperactive ? »

Seuls des tests cliniques permettent d'obtenir un diagnostic fiable d'hyperactivité, mais même ces tests ne sont pas irréfutables chez les jeunes enfants. Nous vous conseillons de consulter un spécialiste de l'hyperactivité si vous observez quatre des symptômes suivants chez votre enfant au quotidien pendant au moins six mois :

1. Être souvent agité
2. Quitter son siège
3. Courir ou escalader partout
4. Avoir des difficultés à jouer calmement
5. Bouger constamment
6. Être excessivement bavard
7. Répondre avant que les questions soient posées
8. Avoir du mal à faire la queue ou à attendre son tour
9. Interrompre ou déranger les autres

Un spécialiste pourra vous aider à comprendre la différence entre un enfant « hyper » actif et un enfant hyperactif – et à gérer le comportement des deux. Ces comportements sont souvent propres à tout jeune enfant moyen. Il est donc très difficile de coller l'étiquette d'« hyperactif » à un petit derviche tourneur.

L'hyperactivité fait partie d'un trouble couramment appelé « trouble de déficit de l'attention avec ou sans hyperactivité » (TDAH), et se présente sous trois formes :

1) TDAH avec inattention prédominante ; 2) TDAH avec hyperactivité et impulsivité ; et 3) TDAH mixte avec hyperactivité ou impulsivité. Tous les types de TDAH sont difficiles à diagnostiquer avant l'âge de cinq ans – âge où on leur demande de s'asseoir et de concentrer leur attention pendant un certain temps, de travailler en restant assis, et de mémoriser des connaissances sur lesquelles ils seront ensuite interrogés. Les garçons ont tendance à être plus actifs que les filles. Donc, évitez de comparer garçons et filles (voir Annexe III : « Mon enfant est-il hyperactif ? », page 339).

Prévention du problème

Proposez des activités calmes

Si votre enfant court souvent au lieu de marcher et crie au lieu de parler, introduisez des activités calmes pour ralentir son rythme effréné. Par exemple, jouez au jeu du silence et lisez-lui un livre pour lui apprendre que changer de rythme, « ralentir et se calmer », est providentiel.

Surveillez votre propre niveau d'activité

L'hyperactivité est-elle génétique ? Les recherches ont montré que, quand un parent est diagnostiqué hyperactif, les probabilités que son enfant le soit aussi sont fortes. Observez-vous : vous arrive-t-il de vous asseoir ? Est-ce que vous parlez vite ? Êtes-vous toujours dans la précipitation ? Si vous êtes un être très énergique, toujours sur la brèche, dont l'hyperactivité n'entrave ni la réussite ni le bonheur, votre enfant a peut-être hérité de votre tempérament. Les jeunes enfants sont de grands imitateurs. En ralentissant votre niveau d'activité, vous montrerez à votre petit comment savourer le moment présent.

Proposez toutes sortes d'activités

Les jeunes enfants ont des temps d'attention courts et semblent zapper d'une activité à l'autre en exigeant sans cesse quelque chose de nouveau. Les enfants « hyper » actifs ont besoin d'encore plus de diversité de choix, parce que leurs cerveaux insatiables sont sans cesse en quête de stimulation. Si vous parvenez à guider votre enfant vers une nouvelle activité passionnante avant une nouvelle bouffée d'énergie, vous finirez par lui apprendre à se canaliser.

Évitez les temps d'écran « hyper » actif

Si votre enfant est en mouvement permanent, ses distractions ne doivent pas l'être. Les programmes de télévision ou les jeux vidéo frénétiques donnent l'exemple d'un comportement que vous ne voulez pas qu'il imite. Selon l'âge de votre enfant, limitez son exposition à la télévision et aux jeux vidéo (voir chapitre 2, page 29). Jouez plutôt à des jeux calmes, écoutez de la musique paisible et encouragez des activités plus tranquilles comme la lecture.

Résolution du problème

À FAIRE

Entraînez-vous à ralentir

Donnez-lui l'occasion de s'entraîner à marcher – et non à courir – d'un point A à un point B. Dites : « Montre-moi comment aller de la cuisine au salon en marchant. Je sais que tu en es capable. Quand tu marches au lieu de courir, tu es en sécurité. » Augmentez progressivement les entraînements jusqu'à un maximum de dix par jour.

Proposez toutes sortes d'activités

Les enfants de nature active papillonnent d'une activité à l'autre. Ils ont du mal à tenir en place. Donnez à votre enfant « hyper » actif une multitude de choix en disant : « Tu peux colorier sur ton bureau, jouer à la pâte à modeler dans la cuisine ou t'amuser avec tes cubes. Je vais régler le chronomètre de mon téléphone. Tu pourras poursuivre une activité jusqu'à la sonnerie. Ensuite, tu pourras en choisir une autre si tu as envie. » Proposer le choix permet à votre enfant de répondre à son besoin d'être actif sans vous faire tourner en bourrique.

Faites du sport

Votre enfant très énergique a besoin d'exutoires constructifs pour assouvir son besoin de bouger. Laissez-le courir dans le parc ou dans la cour dès que vous le pouvez, ou assurez-vous qu'il a des moments où il peut se dépenser à son école ou là où il est gardé.

Si vous êtes tenté de l'inscrire dans le club sportif du quartier où tous ses copains vont, faites attention : commencer un sport trop jeune peut nuire à sa croissance ou l'épuiser. Les jeunes enfants ont besoin de liberté pour monter en puissance sans être enfermés dans un cadre organisé et compétitif.

Enseignez-lui la relaxation

Quand votre enfant apprend à se détendre, son moteur ralentit et il est moins agité. Aidez-le à éviter de vouloir toujours en faire plus, aller plus vite et arriver plus rapidement en conservant toujours une voix douce et apaisante, en lui frottant le dos et en lui disant à quel point il est calme et détendu.

Faites-vous aider

Si l'« hyper » activité de votre enfant met en danger sa santé, éloigne les autres et perturbe son apprentissage, consultez un spécialiste pour déterminer la cause de son activité supérieure à la moyenne (voir Annexe III : « Mon enfant est-il hyperactif ? », page 339).

À NE PAS FAIRE

Ne le punissez pas

Si votre enfant « hyper » actif heurte accidentellement votre vase le plus précieux, prenez une profonde inspiration et dites : « Je suis désolé que tu aies choisi de courir au lieu de marcher. Maintenant, tu dois t'entraîner à marcher dans la maison pour que je sache que tu peux le faire. Puis nous nettoierons les débris. » Vous atteindrez ainsi vos objectifs ultimes qui sont d'enseigner à votre enfant à marcher au lieu de courir, de respecter les objets et d'être responsable de ses actes.

Ne le privez pas de sortie

Votre enfant actif a besoin d'occasions quotidiennes de jouer au grand air. Le confiner dans la maison ou dans sa chambre peut provoquer deux problèmes : 1) son « hyper » activité va atteindre des niveaux explosifs, et 2) il ne fera qu'être surexcité à la maison plutôt que dehors.

Ne vous fiez pas uniquement aux médicaments

Les médicaments n'apprendront pas à votre enfant à se contrôler. Faites faire une évaluation complète par un spécialiste ayant une expérience dans le diagnostic des enfants « hyper » actifs avant de décider quels outils comportementaux et/ou médicaments sont nécessaires à son bien-être.

ETHAN À CENT À L'HEURE

Quand Jane et Russell Anderson rencontrèrent Mme Sharon, la maîtresse d'Ethan, cinq ans, ils ne furent pas du tout surpris de l'entendre leur dire que leur fils était très actif.

« Quand j'étais enceinte, il me réveillait la nuit tellement il bougeait, lui confia Jane. Quand Russell est absent, je laisse Ethan dormir avec moi, et c'est pareil. Je ne dors pas beaucoup tellement il bouge. Il ne marche pas, il court. Il est comme son père. » Jane mit sa main sur le genou de Russell, qui n'avait cessé de bouger depuis qu'il s'était assis pour l'entretien.

« Oui, j'étais un enfant surexcité, dit Russell en souriant. Ma mère était souvent obligée d'aller à l'école pour me tirer d'affaire. J'avais sans arrêt des problèmes. Je ne tenais pas en place, j'étais bavard ou je faisais des bêtises. Je devais prendre des médicaments pour rester calme. Vous pensez qu'Ethan a besoin d'un traitement ? »

« Eh bien, le problème n'est pas trop grave à l'école en ce moment, donc je ne pense pas qu'un traitement soit nécessaire. Mais ce serait bien de le surveiller », leur dit Mme Sharon. « L'année prochaine, en CP, vous devriez travailler en étroite collaboration avec son enseignant pour voir s'il faut agir. En attendant, voici une liste de ce que vous pouvez faire pour essayer de le ralentir un peu, ainsi que les meilleurs endroits où aller pour une évaluation complète. Nous pensons que les enfants devraient passer une évaluation minutieuse avant d'entamer un médicament ou un traitement. »

Jane et Russell emportèrent la liste à la maison et se mirent à travailler avec Ethan. Plusieurs fois par jour, ils prenaient un moment de calme pour lui lire des histoires ou se détendre avec lui. Au début, Ethan ne tenait pas en place plus d'une minute. Puis progressivement, il réussit à tenir dix minutes d'affilée. Sur les conseils de l'enseignante, ils supprimèrent également la plupart des programmes télé violents qu'Ethan aimait regarder ou imiter – des matchs de catch aux arts martiaux.

Sa mère et son père édictèrent également une nouvelle règle familiale : « Quand tu es à la maison, tu dois marcher. Courir, c'est pour l'extérieur. » Pour lui inculquer cette règle, ils le firent s'entraîner à arpenter la maison en marchant. C'était nouveau pour Ethan.

« Et si je suis pressé ? Pourquoi je ne peux pas courir si j'en ai envie ? » se plaignit Ethan.

Jane sourit en elle-même en entendant la question d'Ethan. Elle se souvenait avoir dû aider Russell à ralentir le jour où il avait heurté une lampe un soir en faisant un aller et retour dans la cuisine pendant une coupure de publicité. « Parce que c'est contraire à la règle qui est de ne pas courir dans la maison, répondit-elle. Courir, c'est pour l'extérieur, où tu as toute la place de courir sans te cogner dans les meubles. »
Jane se mit aussi à faire des petits exercices de relaxation avec Ethan à l'heure du coucher. Elle lui frottait le dos en lui disant d'une voix douce : « Tu es calme et détendu. Tes pieds sont lourds et détendus. Tes jambes, ton ventre, ton dos, tes bras et tes mains sont tous détendus et reposés. Tout ton corps est détendu. Ton esprit est serein. Tu es paisible. Et maintenant, Ethan mon chéri, que tu te sens si calme et si tranquille, imagine que tu es dans ton lit confortable et douillet. »
Ethan devint progressivement plus calme, plus tranquille et un peu moins actif. Il ne lui était pas toujours facile de se poser, mais il y travailla avec ses parents et son enseignante, se préparant ainsi à une transition en douceur vers le monde moins actif du CP.

Le mépris des consignes

Définition du problème

Votre jeune enfant semble parfois avoir perdu l'audition ? Vous lui dites de faire quelque chose et il ne réagit pas ? Vous lui redemandez, cette fois-ci en haussant le ton ? Là encore, pas de réaction. Vous êtes alors tellement en colère que vous vous mettez à hurler votre requête. Ce qui ne l'empêche pas de continuer de vous ignorer.

Si cette scène vous est familière – et si votre enfant n'entend pas votre voix, mais entend le froissement d'un papier de bonbon à l'autre bout de la maison –, rassurez-vous, vous n'êtes pas seul ! Les jeunes enfants peuvent être absorbés dans une activité au point que tout le reste disparaît, ce qui n'est pas forcément un inconvénient. Cette « écoute sélective » leur sera très utile quand ils seront à l'école et qu'ils devront se concentrer pendant que l'enseignant s'occupera d'un atelier lecture à côté d'eux, par exemple.

Votre jeune enfant peut aussi vous ignorer parce qu'il ne veut pas faire ce que vous lui avez demandé. Les jeunes enfants n'aiment pas changer d'activité. Ils veulent aller au bout de ce qu'ils font. Mais si vous soupçonnez qu'il ignore vos requêtes parce qu'il souffre d'un problème d'audition, parlez-en à son médecin.

Prévention du problème

Établissez un contact visuel avec votre enfant avant de formuler des consignes

Pour être sûr qu'il vous entend quand vous lui parlez, placez-vous à son niveau et levez son visage pour le regarder dans les yeux avant de lui parler.

Formulez des consignes simples et brèves

Un jeune enfant ne peut assimiler qu'un nombre limité de mots à la fois. Il peut ne pas vous ignorer, mais être simplement incapable de traiter toute l'information que vous lui transmettez dans votre requête. Confiez-lui une seule tâche, puis attendez qu'il ait terminé avant de lui donner une nouvelle instruction.

Parlez d'une voix calme et posée

Si vous criez tout le temps, votre enfant va ignorer votre voix parce qu'elle l'agace et le dérange. Plus votre voix sera douce, plus votre enfant devra vous accorder d'attention pour entendre vos instructions.

Préparez votre enfant à votre consigne

Si votre enfant rechigne à passer à une nouvelle activité, prévenez-le quelques minutes avant de formuler votre requête. Vous lui permettrez ainsi de se préparer. Dites : « Je vais mettre mon chronomètre à sonner dans quelques minutes. Tu sauras alors que tu dois t'habiller pour aller à l'école. »

Résolution du problème

À FAIRE

Demandez-lui de vous répéter votre requête

Une fois que vous avez établi le contact visuel et que vous avez formulé votre brève requête d'une voix posée, demandez-lui de vous la répéter. « Dis-moi ce que je t'ai demandé. » S'il n'y arrive pas, réitérez-la.

Appliquez la loi de grand-maman

Souvenez-vous. Selon la loi de grand-maman, votre enfant pourra faire ce qu'il voudra une fois qu'il aura fait ce que vous voulez qu'il fasse. Exemple : « Quand tu seras habillé pour aller à l'école, tu pourras finir ton puzzle. »

Faites la course contre la montre

Réglez le chronomètre sur un temps raisonnable et dites : « Voyons si tu peux remporter la course contre la montre en enlevant ton pyjama. » Une fois votre enfant déshabillé, dites : « Voyons si tu peux remporter la course contre la montre en enfilant ton pantalon. » Poursuivez ainsi pour son pull, ses chaussettes et ses chaussures. Souvenez-vous : les requêtes simples et brèves fonctionnent mieux.

Félicitez-le encore et encore

Vous pouvez souvent féliciter le comportement de votre enfant en cours de route. Dites, par exemple : « Je te remercie de me regarder quand je te parle » ou « Je te remercie de m'écouter » ou « Regarde comme tu as vite enlevé ton pyjama » ou « Tu t'habilles tellement vite que tu vas remporter la course contre la montre ». Ce genre d'encouragement nourrira son intérêt et le poussera à satisfaire vos requêtes.

À NE PAS FAIRE

Ne vous mettez pas en colère

Se mettre en colère quand votre enfant n'écoute pas ne lui apprend pas à vous écouter. Cela ne fait que créer du stress dans votre relation et en chacun de vous.

Ne le menacez pas

Quand votre enfant ignore sans arrêt vos requêtes, ne dites pas : « Si tu ne m'écoutes pas tout de suite, je vais prendre tous tes jouets et les jeter à la poubelle ! » Cette menace l'effraiera suffisamment pour vous valoir son attention, mais elle ne lui apprendra pas à vous écouter et à faire ce que vous demandez. De plus, vous montrerez le mauvais exemple en le harcelant pour obtenir ce que vous voulez – exemple que vous ne voulez certainement pas qu'il suive pour satisfaire ses besoins et ses envies !

EMMA APPREND À ÉCOUTER

Sarah était fatiguée de voir Emma, quatre ans, l'ignorer totalement quand elle lui demandait de faire quelque chose. Elle essayait de bien le prendre, mais finissait toujours par faire ce que sa mère avait toujours fait quand elle était petite : elle criait, elle menaçait puis l'empoignait pour qu'elle vienne faire ce qu'elle lui avait demandé. Elle avait même demandé au pédiatre si elle devait faire vérifier les oreilles de sa fille pour voir si elle n'avait pas un trouble de l'audition. Le médecin lui avait assuré qu'Emma avait une très bonne ouïe.

Sarah prit le temps de réfléchir à ce problème. Elle décida qu'Emma l'ignorait parce qu'elle n'arrivait pas à passer facilement d'une activité à une autre. Quand sa mère lui demandait d'arrêter ce qu'elle était en train de faire et de passer à autre chose, elle la privait du sentiment d'accomplissement dont elle avait besoin. Incroyable ! Sarah avait éprouvé le même sentiment quand elle était jeune. Elle se souvenait s'être disputée avec sa mère parce qu'elle détestait devoir s'interrompre sur-le-champ pour faire ce que sa mère voulait. Sarah s'était toujours sentie bien quand elle menait à terme un projet qu'elle avait entamé.

Maintenant qu'elle comprenait la raison des problèmes d'écoute d'Emma, elle put mettre au point une stratégie. Elle décida de prévenir Emma avant de lui demander de faire quelque chose en s'approchant d'elle et en la touchant délicatement. Elle fit un essai : « Emma, dans une minute, tu vas devoir poser ton livre et aller te brosser les dents. Je vais régler le chronomètre qui sonnera quand la minute sera écoulée. » Quand le téléphone sonna, Sarah retourna voir Emma en lui disant : « Emma, il est l'heure de poser ton livre. Voyons si tu peux le faire avant que je compte jusqu'à cinq. Un, deux, trois... »

Emma ferma rapidement son livre et le rangea avec les autres. « Tu vois, je l'ai fait avant que tu aies fini de compter ! cria Emma. Je savais que je pouvais le faire ! »

« Emma, tu es tellement rapide. Je suis épatée par la vitesse à laquelle tu as fait ce que je t'ai demandé. Et maintenant, va te brosser les dents et nous pourrons lire des histoires avant de te coucher. Combien d'histoires ce soir ? »

« Cinq », répondit Emma en se dirigeant vers la salle de bains. Sarah et Emma adoptèrent ce rituel. Sarah avait compris qu'Emma avait besoin d'un peu de temps pour passer à une nouvelle activité plutôt que d'être forcée d'y passer immédiatement.

L'impatience

Définition du problème

La patience n'est pas une vertu innée. Les enfants doivent donc apprendre l'art d'attendre pour obtenir ce qu'ils veulent. Ils doivent aussi apprendre à accepter de ne pas toujours parvenir à leurs fins. Votre jeune enfant découvre tout juste que le monde ne va pas toujours tourner autour de ses désirs. Il n'est donc jamais trop tôt pour lui apprendre à faire face à cette réalité souvent frustrante de la vie.

Prévention du problème

Expliquez que la patience peut être récompensée

L'intérêt de votre enfant vous tient à cœur. Vous pouvez donc l'aider à découvrir les avantages de la patience. Expliquez-lui clairement les conditions. Dites, par exemple : « Je sais que tu veux manger la pâte du gâteau, mais ce n'est pas bon pour toi. Si tu attends qu'elle soit cuite, tu pourras manger un délicieux gâteau. »

Proposez un choix d'activités dans lequel votre enfant viendra piocher

Fixez les conditions qui doivent être remplies afin qu'il parvienne à ses fins et suggérez-lui des activités à faire en attendant d'obtenir ce qu'il veut. Dites, par exemple : « Voyons ce que tu peux faire en attendant. Tu peux lire un livre, jouer avec tes camions, faire une construction avec tes cubes, allez à la balançoire ou m'aider à ranger le linge propre.»

Fixez des limites fermes

Si votre jeune enfant sait que vous avez fixé des limites fermes à son comportement et que vous vous tiendrez à ces règles, il aura plus de chances de les respecter. Par exemple, s'il demande à faire du skateboard dans la rue, dites: «Je sais que ça a l'air sympa de faire du skate dans la rue, mais c'est contraire aux règles. Tu peux faire du skate sur le trottoir, mais tu ne dois pas aller sur la rue.»

Résolution du problème

À FAIRE

Encouragez la patience

Récompensez ne serait-ce que le plus infime signe de patience en disant à votre enfant à quel point vous êtes heureux qu'il ait attendu. Apprenez-lui la définition de la patience si vous pensez qu'il ne la connaît pas. Dites, par exemple: «Tu es tellement patient quand tu attends calmement que j'aie fini de nettoyer l'évier pour boire. On voit que tu es une grande fille.» Vous lui apprenez ainsi qu'il est capable de différer ses envies, même s'il ne le sait pas encore. Vous l'aidez aussi à se sentir bien parce que vous appréciez son comportement.

Restez aussi calme que possible

Si votre enfant proteste de devoir attendre et de ne pas parvenir à ses fins, rappelez-lui calmement qu'il apprend une précieuse leçon de vie. Il apprend l'art de la patience. En voyant que vous êtes patient, il apprendra rapidement qu'être exigeant ne l'aide pas à satisfaire ses envies.

Appliquez la loi de grand-maman

Si votre enfant crie: «Je veux aller au parc! Je veux aller au parc! », formulez simplement les conditions qu'il doit remplir pour satisfaire ses envies. Restez positif. Dites: «Quand tu auras remis les livres sur l'étagère, nous irons au parc.»

Évitez de répondre un simple «Non» à ce que votre enfant ne peut pas avoir ou faire

Quand c'est possible et sans danger, utilisez la loi de grand-maman pour dire à votre enfant comment parvenir à ses fins. Dites, par exemple: «Lave-toi les mains et tu pourras manger une pomme.» Parfois, bien sûr, vous devrez dire non à votre enfant – s'il veut jouer avec un couteau, par exemple. Dans ces cas-là, essayez de proposer des alternatives pour accéder à son souhait et favoriser un sentiment de compromis et de souplesse.

Partagez votre expérience personnelle

Montrez à votre enfant que la patience paie aussi dans votre vie. Dites, par exemple: «Je n'aime pas devoir attendre pour avoir la nouvelle salle à manger que je veux, mais je sais que si je fais des économies je pourrai bientôt l'avoir.»

À NE PAS FAIRE

Ne lui demandez pas de faire quelque chose « maintenant »

Demander à votre enfant de faire ce que vous voulez tout de suite contredit la leçon que vous essayez de lui donner. Si vous ne voulez pas qu'il exige des résultats instantanés, ne l'exigez pas vous non plus.

Ne récompensez pas son impatience

Ne cédez pas à ses désirs chaque fois qu'il tente de parvenir à ses fins. Cela peut être tentant pour éviter un conflit ou un caprice, mais céder constamment ne fait que renforcer son impatience et ne lui enseigne pas la patience.

Assurez-vous qu'il sait que ce n'est pas son comportement exigeant qui lui vaut de parvenir à ses fins

Même si votre enfant se plaint et grogne pendant tout le temps d'attente, assurez-vous qu'il comprend que, si vous allez dans la voiture, c'est parce que vous êtes prêt et que vous avez terminé, pas parce qu'il a hurlé à la porte. Dites : « J'ai fini de faire la vaisselle. Nous pouvons y aller. »

« JE VEUX MAINTENANT ! »

« Boire maintenant ! » hurlait Emily Randolph, deux ans, chaque fois qu'elle avait soif. Quand elle voyait Aria, sa mère, donner le biberon à Justin, son petit frère qui venait de naître, elle en voulait un elle aussi, immédiatement.

« Non, je suis occupée. Tu vas devoir attendre ! » répondait Aria, de plus en plus impatiente que sa fille comprenne enfin que les bébés ne savent pas attendre. Mais Emily avait tellement d'exigences et demandait tellement souvent ses jouets ou à boire qu'Aria Randolph finissait par redouter le moment où Emily entrait dans la pièce, surtout quand elle s'occupait de Justin. Quand Emily se mit à chiper la nourriture, les boissons, les jouets et les couvertures de son frère, en disant que c'étaient les « siens », sa mère comprit qu'elle devait trouver une solution.

Elle décréta une nouvelle règle, appelée loi de grand-maman, qu'elle exposa à Emily : « Si tu fais ce que je te demande, tu pourras faire ce que tu veux faire. C'est la nouvelle règle. »

Cet après-midi-là, Emily insista pour boire dix minutes à peine après avoir bu. Aria déclara avec fermeté : « Quand tu auras mis tes chaussures, tu pourras boire un jus de pomme. »

Emily ayant l'habitude d'entendre « Non », puis de piquer une crise jusqu'à ce que sa mère cède, elle ignora la nouvelle règle et continua de crier et de hurler comme de coutume. Non seulement son caprice ne lui valut pas de boire, mais en plus Aria l'ignora complètement. Ses cris n'ayant pas atteint leur but, la fillette en colère finit par enfiler ses chaussures pour voir si cela lui vaudrait de l'attention (et du jus de pomme). Elle fut surprise et ravie de voir que oui.

Emily comprit rapidement que sa mère était sérieuse puisqu'elle ne dérogeait jamais à la loi de grand-maman. Quand Emily remplissait sa part du marché, Aria la félicitait : « Je suis tellement contente que tu aies débarrassé la table. Tu peux sortir maintenant. » L'admiration d'Aria était sincère. Emily en était ravie et appliquait plus rapidement les règles, que sa mère essayait de limiter au maximum. Toute la famille apprit à œuvrer ensemble à la satisfaction des besoins de chacun et chacun se mit à apprécier la vie avec – et non contre – les autres.

Les interruptions incessantes

Définition du problème

Le bien le plus précieux d'un enfant étant l'attention de ses parents, il fait tout pour l'attirer quand ils sont au téléphone, sur l'ordinateur ou sur la tablette, ou si une autre personne retient leur attention. Limitez les astuces que votre enfant est prêt à déployer pour avoir votre attention exclusive en lui donnant des jouets spéciaux, des activités et autres alternatives réservées à ces moments où vous parlez à « la concurrence ». Votre enfant sera occupé sans vous pendant que vous serez occupé sans lui.

Prévention du problème

Limitez vos distractions quand vous êtes avec votre enfant

Votre enfant a une faible capacité à différer les récompenses. Donc, quand vous êtes avec votre enfant, limitez au maximum les distractions (voir chapitre 2, page 29) pour éviter les interruptions qui vous contrarient tous les deux.

Soyez vraiment présent !

Il est frustrant d'être avec quelqu'un qui n'est pas « avec » vous parce qu'il envoie des sms, est sur Twitter, vérifie ses mails ou discute en ligne. Votre enfant ne fait pas exception à la règle. S'il veut votre attention, il l'obtiendra en interrompant vos sms ou vos tweets et en vous empêchant de ne pas faire attention à lui. C'est le moment de lui apprendre qu'il n'est pas poli d'interrompre, mais qu'il est aussi irrespectueux d'ignorer quelqu'un qui se tient juste devant vous.

Résolution du problème

À FAIRE

Félicitez-le d'avoir joué gentiment et de ne pas vous avoir interrompu

Si votre enfant obtient votre attention (sourires, éloges, etc.) pour avoir joué et ne pas vous avoir interrompu, il sera moins enclin à faire irruption dans votre conversation. Excusez-vous auprès de votre interlocuteur et dites à votre enfant : « Merci de jouer gentiment avec tes jouets. Je suis si content que tu t'amuses seul. »

Impliquez-le dès que possible dans la conversation

Quand un ami vous rend visite, essayez d'inclure votre enfant dans la conversation. Vous aurez moins de chances qu'il vous interrompe pour attirer votre attention.

Remerciez votre enfant de ne pas vous interrompre

Quand vous et votre enfant avez eu des « distractions » chacun de votre côté, vantez son comportement respectueux et récompensez-le pour avoir joué seul. Dites : « Merci beaucoup d'avoir joué avec tes jouets pendant que je travaillais sur l'ordinateur. J'ai pu avancer dans mon travail. Maintenant, nous pouvons faire une partie de ton jeu préféré.»

Appliquez la loi de grand-maman

Utilisez le chronomètre de votre téléphone pour lui dire que vous serez très vite à nouveau tout à lui. Il peut à la fois avoir votre attention et s'amuser. Dites-lui: «Quand tu auras joué avec tes jouets pendant deux minutes et que tu entendras la sonnerie, j'aurai fini de parler à mon ami et je jouerai avec toi.»

Réprimandez-le et utilisez le temps calme

Réprimandez-le: «S'il te plaît, arrête de m'interrompre. Si tu m'interromps, je ne peux pas parler avec mon ami. Je te demande d'aller jouer avec tes petites voitures.» S'il continue de vous interrompre, utilisez le temps calme pour l'empêcher d'attirer votre attention en vous interrompant. Dites: «Je suis désolé que tu continues de m'interrompre. C'est l'heure du temps calme.»

À NE PAS FAIRE

Ne vous mettez pas en colère et ne lui criez pas après s'il vous interrompt

Crier après votre enfant ne fait que l'encourager à crier et ne lui apprend pas à ne pas vous interrompre.

N'interrompez pas les autres, en particulier votre enfant

Même si c'est un véritable moulin à paroles, montrez-lui que vous ne l'interrompez pas quand il parle. Soyez un exemple du comportement que vous voulez lui inculquer.

« PAS MAINTENANT, RILEY ! »

Quand Amelia Wilkens était au téléphone, sur les réseaux sociaux ou sur sa messagerie, ou quand elle essayait de travailler sur Internet, sa fille Riley, trois ans, l'interrompait pour lui demander du jus de pomme ou des jeux « sur l'étagère du haut » et posait des questions comme : « On va où aujourd'hui ? »

Amelia voulait répondre, mais à chaque interruption, elle essayait d'expliquer calmement à sa fille : « Chérie, maman est occupée. S'il te plaît, ne m'interromps pas. » Mais Riley continuait. Un jour, Amelia se mit à hurler de colère : « Ne m'interromps pas ! Tu es une vilaine fille ! » Non seulement ces cris ne firent pas taire Riley, mais en plus elle se mit à hurler si fort que sa mère dut s'arrêter de travailler. Plus sa mère criait, plus Riley l'interrompait. Amelia finit par comprendre ce lien de cause à effet et décida d'y mettre un terme.

Elle comprit qu'elle devait accorder de l'attention à sa fille quand elle ne l'interrompait pas plutôt que quand elle l'interrompait. Elle commença dès le lendemain matin quand Maria, une amie d'Amelia, lui envoya un sms, comme tous les lundis matin. Elle échangea des sms avec Maria et observa que Riley avait commencé à jouer avec les jouets qu'elle avait rassemblés pour sa fille autour du canapé où elle était installée. « Merci de ne pas m'interrompre ! » dit-elle à Riley, en lui faisant un gros câlin. Quand elle finit sa conversation avec son amie, elle félicita à nouveau le comportement de Riley en lui disant : « Merci de ne pas m'avoir interrompue pendant que j'organisais le dîner de ce soir avec Maria. Ces feutres sont pour toi, si tu veux. » Ces jouets fascinaient Riley parce qu'ils étaient réservés à des moments spéciaux. Elle n'avait le droit d'y jouer que quand sa mère était occupée à la maison. Quand la sonnerie retentit à nouveau, Riley et sa mère se mirent toutes les deux à sourire par anticipation. Amelia déclara : « Riley, c'est mon téléphone. Tu peux jouer avec tes jouets réservés aux moments spéciaux. » Riley alla chercher les feutres. Au téléphone, Amelia observa soigneusement Riley et l'encouragea en lui disant de temps à autre : « Tu joues bien. » Plus tard, en rangeant les feutres, Amelia félicita Riley d'avoir fait preuve de respect pendant qu'elle était au téléphone.

La jalousie

Définition du problème

Les jeunes enfants sont au centre de leur propre planète et pensent qu'ils devraient recevoir une attention exclusive quand ils l'exigent. Cette vision égocentrique est source de rivalité et de jalousie entre frères et sœurs. Quand l'attention qu'ils exigent est donnée à un nouveau-né, un frère ou une sœur, ou même un parent, les jeunes enfants se transforment souvent en petits monstres. Minés par la jalousie, ils boudent, sabotent, hurlent ou sollicitent plus d'attention en frappant leurs frères et sœurs, en cassant des jouets, en piquant des crises, etc. Justifiée ou non, la jalousie de votre enfant peut vous briser le cœur. Profitez-en pour faire un peu de pédagogie en lui donnant à la fois l'attention dont il a besoin et l'occasion de se rendre utile (voir aussi « La rivalité fraternelle », page 267).

Prévention du problème

Impliquez votre enfant

Pendant que vous changez votre bébé, par exemple, sollicitez l'aide de l'aîné en lui demandant de vous donner une nouvelle couche, de tenir la lotion ou d'amuser le bébé. S'il est jaloux quand vous faites un câlin au bébé, faites-lui un gros câlin pour lui mettre du baume au cœur.

Félicitez le partage

Quand votre enfant accepte que votre attention soit concentrée ailleurs, soulignez sa volonté de partager en disant : « C'était tellement gentil de ta part de me partager avec le bébé. Merci de te montrer aussi généreux. »

Aidez votre enfant à se sentir spécial

Pour garder votre petit monstre à distance, autorisez-le à ouvrir les cadeaux du bébé et à les lui montrer. Encourager vos amis et parents à apporter des cadeaux aux deux enfants aide aussi l'aîné à continuer de se sentir spécial.

Essayez d'accorder la même attention à tous les enfants

Vous ne gardez peut-être pas un registre des minutes d'attention que vous accordez à un enfant ou à un autre. Votre enfant jaloux, si ! Prenez en considération votre petit comptable et intéressez-vous à lui – après avoir parlé à son frère, par exemple – pour éviter au maximum qu'il se comporte mal pour attirer votre attention.

Résolution du problème

À FAIRE

Affichez de l'empathie

Quand la jalousie éclate, dites à votre enfant que vous comprenez ce qu'il ressent : « Je sais que tu n'aimes pas quand je dois m'occuper du bébé, mais je pense que tu peux le gérer. Quand tu auras joué avec tes cubes en attendant que j'aie fini, je jouerai avec toi. »

Proposez des activités alternatives

Comprenez que votre enfant est jaloux parce qu'il se sent exclu quand vous et votre partenaire voulez passer du temps ensemble. Proposez-lui une activité constructive en attendant d'être prêt à lui accorder votre attention exclusive. Dites : « Papa et moi voulons discuter un instant. Tu peux jouer avec tes jouets jusqu'à ce que tu entendes la sonnerie. Puis tu pourras me parler si tu veux. »

Mesurez votre temps

Pour un enfant, l'amour s'épelle T-E-M-P-S. Demandez-vous combien de temps vous passez avec lui à lire des histoires, à répondre à ses questions, à partager ses repas, à jouer à des jeux, etc. Quand votre enfant se sent sûr de votre amour, son baromètre de jalousie reste bas parce qu'il sait que vous êtes sa priorité numéro un. Dites-lui : « Je t'aime » plusieurs fois par jour. Renforcez votre lien avec tous vos enfants en consacrant des moments de jeu avec chacun d'eux. Chacun se sentira précieux et important.

Transformez la jalousie en serviabilité

Un jeune enfant veut que son monde tourne autour de lui, mais il veut aussi être indépendant. En apprenant aux jeunes enfants à se rendre utiles pour leurs frères et sœurs et, plus généralement, pour les autres quand ils se sentent exclus et jaloux, vous les aidez à transformer un comportement négatif en comportement positif et méritoire. Dites : « Je sais que tu veux que je joue avec toi maintenant, mais je dois d'abord conduire ton frère à son entraînement de foot. Viens m'aider à mettre les oranges dans le sac pour que les enfants aient de quoi manger. Tu peux en prendre une, toi aussi. »

À NE PAS FAIRE

Ne comparez pas votre enfant à ses frères et sœurs ou à d'autres enfants

Dire à son enfant « Si seulement tu étais aussi utile que ton petit frère » ou « Pourquoi n'es-tu pas aussi gentil que ta grande sœur ? » ne fait qu'insinuer qu'il n'est pas à la hauteur de vos attentes. Pour les enfants, cela signifie ne pas être aussi adorable que les autres membres de la famille, ce qui est le meilleur moyen de réveiller votre petit monstre.

Ne le punissez pas

Quand votre enfant est de mauvaise humeur parce qu'il veut votre attention exclusive, le punir d'être en colère ne fera qu'accroître son sentiment d'exclusion. Montrez-lui plutôt comment accepter de ne pas avoir l'attention qu'il veut quand il veut. Dites : « Je suis désolé que tu sois si en colère parce que je ne peux pas jouer avec toi tout de suite. Concluons un accord. Je vais jouer avec ta petite sœur un moment puis, quand le chronomètre sonnera, je te lirai un livre. La prochaine fois, nous ferons l'inverse et je commencerai par toi. »

GRACE DANS TOUS SES ÉTATS

Grace Goodman était tout excitée quand elle apprit qu'elle allait avoir un petit frère ou une petite sœur. Elle adorait l'idée d'avoir un nouveau camarade de jeu. Pour elle, c'était une sorte de nouveau jouet. Ses parents, Sam et Christine, étaient convaincus qu'elle n'aurait aucun problème à accepter le nouveau bébé. Quelle ne fut pas leur surprise !

Tout se passa bien les premiers jours après l'arrivée de Jayden à la maison. Sa grand-mère était là et Grace reçut beaucoup d'attention. Grace déclara à son père et à sa mère qu'elle trouvait que Jayden avait l'air amusant, qu'il ne sentait pas toujours très bon et qu'il ne pouvait pas jouer avec elle comme elle le voulait. Mais elle rassura sa mère en disant : « Je pense qu'il peut rester. Gardons-le un moment. »

Mais quand sa grand-mère rentra chez elle – à mille cinq cents kilomètres de là –, Grace comprit que sa mère devrait passer beaucoup trop de temps à s'occuper du bébé. Elle décida qu'elle devait se réaffirmer comme enfant numéro un de la maison. Elle essaya de pleurnicher, mais sa mère ne laissait pas pour autant Jayden pour venir jouer avec elle. Puis elle essaya de bouder, mais personne ne sembla y prêter attention non plus. Elle se mit donc à refuser de faire ce que son père et sa mère lui demandaient, comme ranger ses jouets et se brosser les dents. Sa mère, exaspérée par ce changement d'attitude, lui dit : « Grace, qu'est-ce qui se passe ? »

Quand Sam rentra chez lui ce soir-là et entendit ce que Grace avait fait, sa première réaction fut : « Oh, le petit monstre de la jalousie est venu nous rendre visite. Ta mère nous a prévenus que ça risquait d'arriver. »

Les Goodman mirent donc au point un plan pour impliquer Grace dans la toilette du bébé. Elle devint la petite assistante de maman. Elle était impatiente de la seconder quand elle changeait ou faisait manger Jayden. Elle tenait même le livre pour que Christine puisse lui faire la lecture en lui donnant à manger.

Quand sa grand-mère revint leur rendre visite, elle apporta un petit cadeau aux deux enfants. Grace ouvrit le cadeau de son

frère et le lui montra. Elles passèrent aussi beaucoup de temps ensemble pour que Grace ne se sente pas exclue quand elle tenait Jayden dans ses bras.
Comme par miracle, Grace devint beaucoup plus agréable à vivre. Les Goodman savaient que leur empathie l'aidait à accepter le nouveau venu et la grosse responsabilité qui lui incombait en tant que grande sœur.

Le mensonge

Définition du problème

Les jeunes enfants vivent dans un monde passionnant où fiction et réalité se mélangent. Ils aiment les dessins animés, les jeux d'imitation, le Père Noël, les sorcières, les tapis volants, les jeux à faire semblant, etc. Leurs histoires révèlent souvent des peurs cachées. Par exemple, crier « Maman, il y a un monstre dans ma chambre ! Viens me sauver ! » peut être une façon de vous dire qu'il a peur du noir. Ils peuvent presque tout imaginer et sont capables de se convaincre d'à peu près tout et n'importe quoi du moment qu'ils y croient suffisamment fort.

Le mensonge est une nouvelle étape vers l'indépendance. Tels les oisillons qui déploient leurs ailes, ils s'affranchissent du contrôle parental. Comment réagir ? Un parent doit comprendre les fonctions du mensonge et convaincre son enfant de l'intérêt de la vérité. S'il sait que la vérité est importante pour vous, il sera plus important pour lui d'être honnête. Il lui sera plus facile de dire la vérité si vous êtes un adulte attentionné en qui il sait pouvoir avoir confiance.

Prévention du problème

Renforcez le poids de la vérité

Félicitez-le quand vous savez que vous entendez la vérité, que ce soit à propos de quelque chose de mal qui s'est produit ou de quelque chose de bien. Vous aiderez ainsi votre jeune enfant à comprendre la différence entre ce qui est vrai et ce qui ne l'est pas.

Montrez l'exemple en disant la vérité

Quand votre jeune enfant vous demande un cookie juste avant de dîner, vous pouvez être tenté de dire : « Il n'y en a plus » au lieu de dire la vérité, qui est : « Je ne veux pas que tu manges un cookie avant de dîner. » En lui mentant, vous lui dites que c'est acceptable de mentir quand il veut se sortir d'une mauvaise passe. Il sait où sont les cookies, donc ne prétendez pas qu'il ne sait pas ! Dites : « Je sais que tu veux un cookie maintenant, mais tu pourras aller en chercher un toi-même quand tu auras fini de dîner. »

Découvrez les fonctions du mensonge

Le mensonge a plusieurs fonctions. La plus connue est de nous permettre de nous tirer d'affaire. Exemple : « Je n'ai pas pris le dernier cookie. » Il y a aussi le mensonge qui vous permet d'échapper à ce que vous ne voulez pas faire. Par exemple, votre enfant peut dire « Oui, maman, je me suis brossé les dents » alors qu'il ne l'a pas fait. Puis il y a le mensonge extra-doux et bien connu que les enfants inventent vite fait pour impressionner les autres : « J'ai trois chevaux que je monte tous les jours, na ! »

Soyez dans l'empathie

Comprenez la fonction du mensonge de votre enfant et réagissez en conséquence. Par exemple, si votre enfant vous dit qu'il n'a pas écrit sur le mur de sa chambre avec des crayons de couleur alors que vous savez parfaitement qu'il l'a fait, dites-lui : « Je comprends que tu ne veuilles pas être puni, mais je suis déçu que tu aies choisi de mentir plutôt que de dire la vérité. Tu peux encore me dire la vérité pour que nous puissions régler le problème ensemble.» S'il sait que vous êtes sensible à ses sentiments, votre enfant sera plus à l'aise pour assumer les conséquences et dire la vérité.

Cherchez des modèles d'honnêteté

Cherchez des gens et des événements qui incarnent l'honnêteté et la vérité. Montrez-les à votre enfant pour renforcer votre message que l'honnêteté est importante. Et n'oubliez pas de féliciter son honnêteté.

Résolution du problème

À FAIRE

Montrez les ravages du mensonge

Quand votre enfant est pris en flagrant délit de mensonge, expliquez-lui que c'est mauvais pour lui et pour vous. Dites: «Je suis désolé que tu aies choisi de ne pas dire la vérité. Je suis triste de ne pas pouvoir te faire confiance. Entraînons-nous à dire la vérité pour que je puisse croire que ce que tu me dis est vrai. Dire la vérité m'aide à avoir confiance dans ce que tu dis.»

Expliquez la différence entre mentir et dire la vérité

Les jeunes enfants ne savent pas toujours que ce qu'ils disent est un mensonge parce que pour eux cela peut sembler être la vérité. Aidez-les à comprendre la différence entre réalité et fiction en disant: «Je sais que tu veux que ton ami t'aime, mais lui dire que tu as 101 Dalmatiens à la maison n'est pas honnête. La vérité est que tu aimerais en avoir autant, mais que tu n'en as qu'un seul du nom de Molly. C'est vraiment un gentil chien, et tu l'aimes beaucoup.»

Aidez votre enfant à assumer des responsabilités

Quand vous demandez à votre fille de ranger les jouets dans sa chambre, par exemple, elle peut mentir pour éviter de le faire en vous disant qu'elle l'a déjà fait. Dites: «Je suis tellement heureux que tu aies fait ce que je t'ai demandé. Je vais voir comme tu as bien travaillé.»

Si elle répond: «Oh non, maman, pas encore», vous pouvez être raisonnablement sûr qu'elle n'a pas assumé ses responsabilités. Vérifiez! Si vous découvrez qu'elle a menti, dites: «Je suis désolé que tu aies choisi de ne pas me dire la vérité à propos de ce que je t'ai demandé de faire. Je sais que tu ne voulais pas déballer tous ces jouets et que tu ne voulais pas que je sois déçu, mais il est important de faire ce que je te demande et de dire la vérité. Maintenant, va ranger tes jouets! Je te regarde.»

Entraînez-le à dire la vérité

Quand votre enfant vous ment, il vous fait savoir qu'il a besoin de s'entraîner à dire la vérité. Dites: «Je suis désolé que tu ne m'aies pas dit la vérité quand je t'ai demandé si tu avais éteint la télévision. Entraînons-nous à dire la vérité. Je veux que tu dises: "Oui maman, je vais éteindre la télévision quand l'émission sera finie." Essayons!»

Jouez à faire semblant avec votre enfant

Pour aider votre enfant à comprendre la différence entre la vérité et la fiction, laissez-le inventer des histoires. Puis comparez ce moment de fiction avec un moment de vérité dans lequel vous lui demandez de raconter un événement. Quand votre enfant vous dit quelque chose que vous savez ne pas être vrai, dites : « C'est une histoire intéressante que tu viens de me raconter. Maintenant, raconte-moi une histoire vraie à propos de ce qui s'est vraiment passé. »

À NE PAS FAIRE

Ne mettez pas à l'épreuve l'honnêteté de votre enfant

Si vous savez que votre enfant a fait quelque chose de mal, lui poser une question dont vous connaissez déjà la réponse le met face à un dilemme : dire la vérité et être puni, ou mentir et peut-être s'en sortir. Ne l'obligez pas à faire un choix.

Ne le punissez pas

Quand vous prenez votre enfant en train de mentir – par exemple en disant qu'il n'a pas dessiné sur les murs avec un crayon alors qu'il l'a fait –, ne le punissez pas pour son mensonge. Apprenez-lui plutôt à accepter la responsabilité de son erreur et à régler le problème qu'il a causé. Dites, par exemple : « Je suis désolé que le mur soit abîmé. Nous allons devoir apprendre à prendre soin des murs. Prenons de quoi nettoyer et allons-y. Je vais chercher du produit nettoyant, et toi tu vas chercher de l'essuie-tout. Dire la vérité à propos du mur abîmé nous permet de régler le problème. »

Montrez l'exemple

Évitez d'exagérer ou d'inventer des histoires pour impressionner les autres, pour échapper aux conséquences de vos actes ou pour éviter de faire ce que vous n'avez pas envie de faire.

Ne dramatisez pas

Même si vous avez dit à votre enfant une centaine de fois que vous ne supportiez pas les menteurs, piquer une crise quand votre enfant ment ne fait que le dissuader de dire la vérité pour éviter de vous mettre dans tous vos états.

Ne qualifiez pas votre enfant de menteur

Ne faites pas du mensonge une prophétie autoréalisatrice. Un enfant qualifié de menteur va croire qu'il est ce qu'il fait. Votre enfant n'est pas ce qu'il fait. Vous n'aimez peut-être pas son comportement, mais vous lui vouerez toujours un amour inconditionnel.

Ne prenez pas le mensonge personnellement

Votre petite Dana ne vous raconte pas une version exagérée de sa matinée à la crèche juste pour vous embêter. Elle croit peut-être vraiment que le serpent domestique de la salle de classe est sorti de sa cage tellement elle avait peur qu'il s'échappe. Écoutez son histoire et dites-lui : « C'est une histoire intéressante, ma chérie. Je suis sûr qu'un serpent en liberté dans la classe serait vraiment effrayant. Tu veux que je demande à Mme Laura de surveiller que le serpent reste bien enfermé dans sa cage ? »

Ne parlez pas beaucoup de mensonge

Parler de mensonge ne fait que lui rappeler ce que vous ne voulez pas plutôt que ce que vous voulez. Parlez de vérité. C'est le comportement que vous essayez d'inculquer à votre enfant.

« TU ME MENS ! »

Ryan Kirk n'avait pas quatre ans que ses parents l'avaient déjà étiqueté de menteur. En rentrant de la crèche, il racontait à Julie, sa mère, les histoires les plus fantastiques à propos d'un homme qui avait fait irruption dans l'école et pris sa classe en otage. Il racontait aussi que l'on avait dit à sa maîtresse qu'elle ne pouvait plus travailler là ou encore que son ami Adam avait emmené son poney à l'école. Chaque jour, il inventait une nouvelle histoire, et Julie commençait à avoir peur que ces histoires lui échappent.

Lawrence, le père de Ryan, avait lui aussi entendu toutes sortes d'histoires. Récemment, il avait interrogé son fils à propos de jus de fruit renversé dans la cuisine, et la réponse avait été étonnante. Ryan avait essayé de faire croire à son père qu'un cambrioleur avait dû pénétrer dans la maison et renverser du jus par terre. « Mais mon fils, c'est le même jus de raisin que celui que tu as dans ton verre en ce moment. Comment expliques-tu cela ? Arrête de me mentir ! » Ryan n'ayant pas de réponse, il fut envoyé en temps calme pour que son père puisse se calmer et que Ryan puisse avoir le temps de se résoudre à dire la vérité.

Julie et Lawrence réalisèrent rapidement que ces sanctions n'apprendraient pas à leur enfant à dire la vérité. Plus ils l'envoyaient en temps calme, plus il mentait. Il essaya même de mentir pour se sortir du temps calme. Les parents de Ryan aimaient leur fils et devaient lui faire comprendre qu'ils l'aimeraient quoi qu'il arrive. Il n'avait pas besoin de mentir pour les impressionner ou éviter les problèmes, mais ils ne savaient pas s'il le savait. Quand ils découvrirent comment les jeunes enfants perçoivent le monde – comme un mélange confus de fiction et de réalité –, ils comprirent qu'ils pouvaient aider leur fils en lui apprenant la différence entre vérité et fiction, et décidèrent de changer de stratégie.

« Raconte-moi ta journée d'école, dit Julie quand Ryan monta dans la voiture le lendemain après sa journée à la maternelle.

– C'était vraiment génial, commença Ryan. L'équipe de foot du stade est venue nous apprendre à jouer ; mais Josh s'est blessé et il a fallu l'emmener à l'hôpital en ambulance... »

Julie l'arrêta.

« Whaou ! s'exclama-t-elle. Ça a dû être terrible. Est-ce que tu aurais aimé que ça se passe comme ça aujourd'hui à l'école, ou est-ce vraiment arrivé ?

– Eh bien... répondit Ryan, j'aurais aimé que ça arrive. La journée aurait été plus passionnante.

– Ryan, ton histoire est très intéressante, mais je veux vraiment savoir la vérité. Tu n'as pas à inventer des histoires pour que je pense que tu as passé une journée géniale à l'école. Tu peux me dire les jeux auxquels tu as joué, qui était à côté de toi à la cantine, ce dont a parlé Mlle Sharon, et toutes sortes de choses que j'aimerais entendre. J'ai une idée. Puisque tu aimes inventer des histoires, prenons un moment d'invention où tu peux imaginer des histoires, puis ayons un moment de vérité où tu peux raconter ce qui s'est vraiment passé. »

Ryan prit l'habitude de dire : « C'est le moment d'invention, maman ! » Il se lançait alors dans une version fantastique de sa journée, puis ils se mettaient à rire. Julie adorait ce moment. « Et maintenant, le moment de vérité, Ryan ! » disait ensuite sa mère. Il racontait alors les événements plus banals de la journée. Julie disait à Ryan à quel point elle aimait aussi ce moment. Lawrence et Julie accomplissaient ainsi trois objectifs : ils enseignaient à leur fils l'honnêteté, ils lui apprenaient à quel point il était important pour eux de dire la vérité, et ils soutenaient sa créativité naissante.

La crise des repas

Définition du problème

S'il vous arrive souvent de devoir pousser votre jeune enfant turbulent à manger, mais qu'il est trop occupé à explorer son monde pour prendre le temps de manger, soyons clairs : ne faites pas d'histoires autour de la nourriture ! Il est fréquent que les jeunes enfants refusent de manger. Ne confondez pas ces épisodes avec une maladie. Mais consultez un médecin si vous pensez que votre enfant est malade et n'arrive pas à manger.

Prévention du problème

Ne sautez pas vous-même de repas

Sauter les repas dit à votre enfant qu'il peut ne pas manger puisque vous ne mangez pas.

Ne stigmatisez pas des formes généreuses et ne portez pas aux nues les physiques décharnés

Même un enfant de trois ans peut développer une inquiétude irrationnelle par rapport à son poids si vous lui montrez comment devenir obsédé par son corps.

Renseignez-vous sur les quantités appropriées pour l'âge et le poids de votre enfant

Votre pédiatre pourra vous donner des conseils de nutrition précis. Pour plus d'informations sur les normes recommandées pour les jeunes enfants, consultez le site Internet manger-bouger.fr.

Résolution du problème

À FAIRE

Mangez moins, plus souvent

Vous voulez peut-être ne proposer que trois repas à heures fixes de la journée, mais l'estomac de votre enfant ne peut pas contenir assez de nourriture pour lui permettre de tenir quatre heures ou plus entre les repas. Laissez votre enfant manger aussi souvent qu'il le veut, dans certaines limites. Au moment du goûter, tenez compte de l'heure du repas principal et ne proposez que le meilleur. Dites : « Quand tu as faim, dis-le-moi et tu pourras avoir du céleri avec du beurre de cacahuètes ou une pomme avec du fromage. » Assurez-vous que vous tenez parole en tenant compte de ce que vous avez sous la main et de l'heure du repas.

Laissez-le choisir

Laissez votre enfant choisir ses goûters et ses repas (sous votre supervision). S'il sent qu'il exerce un certain contrôle sur sa nourriture, il mangera plus volontiers. Ne lui proposez que deux choix à la fois pour ne pas le perturber avec le processus de décision, et félicitez-le pour ses choix en faisant des commentaires tels que : « Je suis content que tu aies choisi cette orange. C'est un goûter délicieux. »

Proposez une alimentation variée et équilibrée

Les enfants doivent apprendre ce qu'est une bonne alimentation. Elle passe par une grande diversité d'aliments. Familiarisez-le avec les différents goûts, textures, couleurs et arômes des aliments. Souvenez-vous que leurs goûts changent souvent du jour au lendemain. Donc, ne soyez pas surpris s'il refuse aujourd'hui son aliment préféré de la semaine dernière.

Cultivez vos propres légumes

Si vous avez la place de faire un petit potager ou de faire des plantations dans de grands pots, essayez de cultiver quelques légumes. Les enfants qui peuvent faire pousser des légumes sont souvent plus enclins à goûter ceux qu'ils rejettent d'ordinaire.

Faites confiance à la nature

Un enfant en bonne santé va naturellement choisir une alimentation équilibrée sur une semaine. Les pédiatres disent qu'ils se nourrissent bien – mais seulement s'ils ont à leur disposition un grand choix d'aliments bons pour la santé. Notez ce que votre enfant mange du lundi au dimanche avant de vous inquiéter pour lui.

Instaurez des horaires de repas réguliers

Votre enfant n'est pas sur le même rythme de repas que vous. Il peut vouloir jouer dehors ou finir son œuvre d'art quand l'heure du repas arrive. Observez les heures où votre enfant semble avoir faim pour repérer son rythme (sur lequel vous pourrez si possible vous caler). Pour que vous mangiez ensemble, soit il devra apprendre à se caler sur votre emploi du temps, soit c'est vous qui vous calerez sur les siens. Sachez que les repas sont plus sains, émotionnellement et physiquement, quand ce sont de bons moments d'échange familial.

Instaurez des règles à table

Encouragez votre enfant à échanger avec vous à table pendant un temps raisonnable pour son âge. Dites : « Le chronomètre nous dira quand le repas sera terminé. La règle est de rester tous à table jusqu'à la sonnerie. Dis-moi quand tu as fini de manger et je débarrasserai ton assiette. »

Voici une nuance importante : votre enfant – comme les adultes ! – n'a pas à continuer de manger pour rester à table avec vous. Vous voulez qu'il reste à table pour prendre de bonnes habitudes qu'il gardera toute sa vie : le repas est un moment où l'on satisfait son « appétit social » autant que son appétit physique.

À NE PAS FAIRE

Ne le soudoyez pas et ne le suppliez pas

Si votre enfant ne mange pas, ne le soudoyez pas et ne le suppliez pas de finir son assiette. Refuser de manger deviendrait alors un jeu pour attirer votre attention et lui donnerait un sentiment de pouvoir sur vous.

Ne vous fâchez pas s'il ne mange pas

Si vous accordez de l'attention à votre enfant qui ne mange pas, il devient beaucoup plus intéressant de ne pas manger que de manger.

Ne dramatisez pas

Minimisez l'attention que vous accordez à votre enfant qui ne veut pas manger. Vous éviterez ainsi que le repas devienne un champ de bataille sur lequel vous livrez une lutte de pouvoir.

« JE NE MANGERAI PAS ! »

À l'âge de sept ans, Owen Rowland perdit l'appétit. Ses parents, Leo et Lillian, ne savaient pas pourquoi – son pédiatre non plus, qui l'ausculta sous l'insistance de sa mère inquiète. Un soir, alors que Lillian venait de lui demander de manger ne serait-ce qu'un petit pois, Owen piqua une violente colère, repoussa son assiette et hurla : « Non, je ne mangerai pas ! » Leo décida de prendre le dessus. « Maintenant, Owen, écoute-moi. Si tu ne manges pas une bouchée de macaroni, tu vas devoir quitter la table », menaça-t-il avec fermeté, pour informer son fils de la règle du moment. Il ne pensait pas qu'Owen le prendrait au mot et descendrait de sa chaise. « Owen Rowland, tu ne quitteras pas cette table ! hurla Leo. Tu vas venir manger, même si tu dois y passer toute la nuit. » En changeant ainsi les règles, il prenait le risque de semer la confusion chez son fils.

Plus tard, ce soir-là, après avoir embrassé et fait un câlin à leur fils et l'avoir mis au lit, les Rowland décidèrent de changer de méthode. Ils ne voulaient pas crier contre leur petit garçon qui ne mangeait pas. Ils voulaient que les repas redeviennent comme avant – un moment où l'on mangeait et où l'on échangeait agréablement des histoires, des chansons et les événements de la journée – parce qu'ils savaient à quel point le dîner familial est important. Donc, le lendemain soir, ils détournèrent leur attention de l'assiette et prétendirent ignorer le manque d'appétit d'Owen.

« Dis-moi comment ça s'est passé aujourd'hui à l'école, Owen ? Tu étais le responsable ? » commença sa mère (avec toute la sincérité et le calme dont elle put faire preuve) en passant le brocoli à son mari. Owen se ragaillardit en racontant comment il avait été désigné pour faire l'appel. Entre deux explications passionnées, il avala une fourchette de purée.
« C'était tellement gentil de ta part d'avoir si bien assumé tes responsabilités aujourd'hui, le complimenta Lillian. Je suis contente que tu aimes la purée de pommes de terre », ajouta-t-elle. Les Rowland poursuivirent leur repas sans pousser leur fils à manger plus.
Le lendemain matin, les parents d'Owen reparlèrent du succès de la veille et décidèrent de poursuivre sur leur lancée. Ils se souvenaient de ce que le médecin d'Owen avait dit : « Owen peut ne manger que de petites quantités, compte tenu de sa petite corpulence. Et comme beaucoup de personnes, il peut manger plus de trois fois par jour. »
Le dîner devint moins préoccupant pour Lillian. Elle fabriquait d'amusants bateaux en bâtonnets de carotte et des visages avec du fromage et des raisins qu'Owen pouvait manger tout au long de la journée. Il mangeait plus pendant la journée, mais continuait de n'avaler que quelques bouchées au dîner. Mais les Rowland appréciaient ces instants et laissaient leur fils décider des moments où il avait faim et où il n'avait pas faim.

La propreté à table

Définition du problème

Prenez un enfant d'un, deux ou trois ans, donnez-lui des aliments qu'il ne veut pas manger et hop ! Vous vous retrouverez instantanément avec un beau bazar dans les mains, dans ses mains, mais aussi probablement sur le sol et sur la table. Les enfants sont des petits chercheurs. Ils aiment faire des expériences avec la nourriture. Qu'il est amusant de voir les petits pois rouler dans la cuisine ! Et quand la purée de pommes de terre atterrit sur le sol, on dirait des petits flocons de neige. Et oh ! le lait ! Quel beau bazar !

Quand votre enfant commence à jouer avec la nourriture au lieu de la mettre dans sa bouche, c'est généralement le signe qu'il a fini de manger, qu'il puisse l'exprimer ou non. Retirez-lui systématiquement son assiette dès qu'elle devient une arme ou un jouet, même s'il a encore faim. Il apprendra ainsi que la nourriture est là pour être mangée, pas pour jouer.

Prévention du problème

Ne jouez pas vous-même avec la nourriture

Si vous jouez avec la nourriture dans votre assiette en parlant ou après avoir fini de manger, votre enfant supposera qu'il peut faire de même.

Servez la nourriture sous un format pratique

Pour réduire les risques, coupez ses aliments en morceaux qu'il peut facilement saisir et manger.

Tenez les plats hors de sa portée

Pour limiter les risques, tenez les jeunes enfants joueurs loin de la tentation de se servir eux-mêmes dans les plats.

Apprenez-lui à bien se conduire à table pendant un temps neutre en dehors des repas

Votre enfant doit savoir ce que vous attendez de lui au restaurant et à la maison. Mieux vaut lui faire part de vos attentes à un moment où vous n'êtes pas à table. Par exemple, jouez souvent à la dînette et apprenez-lui à manier sa cuillère, à ne pas manger avec les doigts, à vous dire quand il a fini, etc. Dites : « Quand le chronomètre va sonner, tu pourras sortir de table. Dis-moi quand tu as fini. Je débarrasserai ton assiette. »

À table, parlez à votre enfant

Si vous faites la conversation avec lui, il ne cherchera pas d'autres moyens d'attirer votre attention, notamment en jouant avec la nourriture.

Résolution du problème

À FAIRE

Inculquez-lui vos règles : on ne joue pas avec la nourriture

Dites-lui que son assiette sera débarrassée s'il joue avec la nourriture. Et expliquez-lui calmement qu'il devra nettoyer toutes les saletés qu'il fait en jouant avec la nourriture à table. Par exemple, quand il s'amuse à verser du lait sur la table, dites : « Je suis désolé que tu aies versé le lait. Souviens-toi de la règle. Maintenant, tu dois nettoyer tes saletés. Voici un essuie-tout. Je vais te montrer comment faire. »

Complimentez les bonnes habitudes à table

Chaque fois que votre enfant ne joue pas avec sa nourriture à table, dites-lui que vous appréciez son comportement. Dites : « J'aime ta manière d'enrouler les spaghettis autour de ta fourchette comme je te l'ai montré. »

Quand il commence à jouer avec la nourriture, demandez-lui s'il a fini de manger

Ne supposez pas tout de suite que votre enfant joue avec sa nourriture. Quand il se met à disséquer ses lasagnes, par exemple, demandez-lui s'il a terminé son repas.

À NE PAS FAIRE

Ne perdez pas votre sang-froid

Même si vous êtes écœuré et énervé par votre enfant qui joue avec la nourriture, votre colère peut être le piment qu'il attend. Votre petit aime avoir le pouvoir d'agir sur son monde (pour le meilleur et pour le pire).

Ne le laissez pas jouer avec la nourriture pour attirer l'attention

Ignorez les jeux qui ne blessent personne et que vous êtes prêt à accepter à table. Par exemple, ignorez-le s'il dessine un sourire avec ses petits pois, mais n'ignorez pas s'il lance de la nourriture.

Ne cédez pas

Si vous lui retirez son assiette parce qu'il joue avec, ne la lui redonnez pas juste parce qu'il fait une colère ou qu'il hurle. Montrez-lui que vous appliquez la règle : s'il joue avec la nourriture, vous lui retirez son assiette.

LE DRAME DES REPAS

Chez les Langner, le dîner ressemblait plus à un atelier d'art qu'à un repas depuis que Nick, cinq ans, s'était mis à étaler de la nourriture autour de son assiette et à recracher ce qui ne chatouillait pas ses papilles. Ses parents, dégoûtés par les jeux et le gaspillage de leur fils, tentaient de l'arrêter en criant : « Ne joue pas avec la nourriture ! » Mais malgré les menaces de sa mère (« Si tu refais ça avec tes petits pois, tu quittes la table »), Nick continuait de faire rouler un petit pois sur sa fourchette. Les menaces de le faire sortir de table n'avaient clairement aucun effet.
Les Langner finirent par se dire que Nick n'avait pas à manger tout ce qu'il avait dans l'assiette. Une fois rassasié, il utilisait simplement ses restes de nourriture pour s'amuser ! Les parents de Nick se mirent à anticiper le moment où il était repu. Ils observaient quand ses mains et ses yeux joueurs se mettaient à chercher quoi faire avec ses frites et ses haricots verts, et débarrassaient alors rapidement son assiette. La mère de Nick passa également quelques minutes par jour à lui apprendre à dire : « J'ai terminé maintenant » quand il avait fini de manger.

Pendant trois semaines d'affilée, les parents de Nick furent soulagés de ne pas être témoins du moindre « art » culinaire à table. Jusqu'au soir où il se mit à étaler de la purée sur la table. Heureusement, ils s'étaient mis d'accord sur une règle en cas de dérapage. Au lieu de crier, ils l'exposèrent calmement à Nick : « Quand tu fais des saletés, tu dois nettoyer. »
Pendant que Nick nettoyait lui-même ses saletés, ses parents ne lui accordèrent aucune attention. Au bout de seulement trois soirs de ce régime, il se décida à dire : « J'ai fini maintenant. » Ces mots agirent comme une formule magique et il apprécia les câlins et les bisous de ses parents, qui dirent : « Merci de dire : "J'ai fini de manger", Nick. Je vois que tu as fini ton repas. Tu peux aller jouer avec tes camions maintenant. »
Toute la famille sembla soulagée de pouvoir passer plus de temps à parler de la politesse de Nick à table plutôt que de son mauvais comportement. Les repas étaient désormais plus courts et plus agréables qu'ils ne l'avaient jamais été.

Le désordre

Définition du problème

Plus on est petit, plus on aime le désordre ! Hélas, pour les parents ordonnés, les jeunes enfants n'ont presque jamais conscience du désordre qu'ils sèment. Sachez que votre enfant n'est pas délibérément désordonné, mais simplement inconscient du besoin de ranger derrière lui. Apprenez-lui (le plus tôt sera le mieux) que le désordre ne disparaît hélas pas comme par magie – c'est celui qui le sème qui le range (même s'il se fait aider) ! Partagez cette réalité de la vie avec votre enfant, mais n'attendez pas de lui qu'il respecte la règle à la perfection. Encouragez, au lieu d'exiger, l'ordre en félicitant sa moindre tentative de jouer à faire le ménage.

Prévention du problème

Montrez l'exemple de l'ordre

Si vous ne rangez pas la cuisine après les repas, si vous n'étendez pas votre serviette après une douche, ou si vous ne rangez pas le linge propre, vous montrez l'exemple du désordre – ce qui n'est pas exactement le but que vous recherchez. Si vous ne prenez pas vous-même cela au sérieux, essayez quand même de revoir vos priorités pour aider votre enfant à faire de la propreté une priorité.

Rangez au fur et à mesure

Montrez à votre enfant comment ranger ses jouets immédiatement après avoir fini de jouer pour limiter le désordre quand il passe d'un jeu à un autre. Aidez-le à prendre l'habitude de ranger très tôt dans sa vie pour l'encourager à être un enfant plus ordonné et, plus tard, un adulte mieux organisé.

Montrez-lui comment ranger son désordre

Fournissez-lui des paniers et des caisses adaptés à ses jouets. Montrez-lui comment y ranger ses affaires et où les ranger une fois pleines. Ainsi, il saura exactement ce que vous voulez dire quand vous lui demanderez de mettre de l'ordre.

Soyez aussi précis que possible

Au lieu de lui demander simplement de ranger sa chambre, dites-lui exactement ce que vous attendez de lui. Dites, par exemple : « Mets les personnages dans le seau et les cubes dans la boîte. » Faites en sorte qu'il lui soit aussi facile que possible de suivre vos instructions.

Fournissez des produits nettoyants adaptés

Ne vous attendez pas à ce que votre enfant sache quoi utiliser pour nettoyer lui-même ses saletés. Par exemple, donnez-lui un chiffon pour nettoyer la table. Après lui avoir fourni le matériel, félicitez-le pour ses efforts.

Cantonnez le désordre à un endroit sûr

Évitez les catastrophes en cantonnant les jeux salissants (peintures à doigt, pâte à modeler, feutres, crayons, etc.) à des endroits adaptés. Ne vous attendez pas à ce qu'il sache comment ne pas salir le tapis du salon si vous le laissez jouer à la peinture à doigt dessus.

Résolution du problème

À FAIRE

Appliquez la loi de grand-maman

Si votre enfant refuse de ranger son désordre, son plaisir devra attendre qu'il ait terminé ce que vous lui avez demandé. Dites, par exemple : « Oui, je sais que tu ne veux pas ramasser tes cubes. Mais quand tu les auras ramassés, tu pourras aller jouer dehors. » Souvenez-vous que même un enfant qui vient juste d'apprendre à se déplacer peut participer au rangement à son petit niveau. Il doit essayer de faire de son mieux et passer progressivement à des tâches plus difficiles.

Collaborez

Quand le rangement est une tâche trop lourde pour les bras ou les mains de votre enfant, adoptez une attitude positive et joignez-vous à lui pour instaurer une relation de soutien dans le partage et la coopération – deux leçons que vous voulez inculquer très jeune à votre enfant. Voir maman et papa ranger ne fera que lui donner envie de vous imiter.

Faites la course contre la montre

Quand votre enfant tente de battre le chronomètre, ramasser ses jouets devient un jeu au lieu d'être une corvée. Participez au jeu en disant : « Si tu ramasses les jouets avant la sonnerie, tu pourras sortir un nouveau jouet.» Si votre enfant réussit à battre la sonnerie, félicitez son effort et tenez votre promesse.

Félicitez son effort de rangement

Encouragez-le à ranger ses affaires en utilisant un puissant moteur: les félicitations! Commentez son formidable travail de rangement. Dites: «Je suis vraiment content que tu aies rangé ce crayon rouge dans la corbeille. Merci de participer au rangement de ta chambre.»

À NE PAS FAIRE

N'attendez pas la perfection

Votre enfant n'a pas eu beaucoup de temps pour s'entraîner à ranger. Ne vous attendez pas à ce que le travail soit parfait. S'il essaie, c'est qu'il apprend. Il progressera avec le temps.

Ne punissez pas le désordre

Le punir parce qu'il est désordonné ne l'aidera pas à apprendre à ranger.

Ne vous attendez pas à ce que les jeunes enfants se changent pour ne pas se salir

Votre enfant ne comprend pas la valeur d'un beau vêtement. Donnez-lui de vieux vêtements (et mettez-les à l'envers si vous voulez) avant de l'autoriser à jouer avec des produits salissants.

BAZAR TOUS AZIMUTS

Depuis qu'ils étaient parents, John et Mandy Wareman s'étaient habitués à tout, sauf au désordre quasiment quotidien que semaient leurs jumelles de cinq ans, Harper et Hannah. « Les enfants gentils rangent toujours leurs jouets », leur répétait Mandy, essayant de les convaincre de ne pas laisser traîner leurs affaires dans le salon quand elles avaient fini de jouer. Et quand, malgré tout, elles ne rangeaient pas leur désordre, elle se mettait à crier sur ses filles et les envoyait dans leur chambre. Mais cette punition semblait ne punir que Mandy, car les filles propageaient alors le désordre dans leur chambre.

Mandy finit par résoudre le problème grâce à la loi de grand-maman quand elle réalisa à quel point les filles aimaient aller jouer dehors sur leur nouvelle balançoire. Elle décida de faire de cette activité un privilège qui se mériterait. Un jour, les filles voulurent aller dehors plutôt que de ranger leurs jouets. Suivant cette loi, Mandy déclara : « Voici la règle, les filles : je sais que vous voulez aller dehors. Quand vous aurez rangé, toi Harper la dînette, et toi Hannah les cubes, vous pourrez aller jouer à la balançoire. Je vais vous aider. »

Les deux filles se regardèrent. Elles n'avaient pas envie de ramasser leurs jouets, mais elles avaient vraiment envie d'aller faire de la balançoire. Mandy aida Hannah à commencer à mettre les cubes dans la caisse pour être sûre qu'elle sache comment les ranger. Elle montra ensuite à Harper où ranger les ustensiles de cuisine, ne laissant planer aucun doute sur ce que signifiait « ranger la dînette ».

Quand les filles se mirent à ranger, Mandy leur dit à quel point elle était contente de leurs efforts. « Merci de ranger, dit-elle.

Vous avez bien travaillé. » Elle fit un câlin à chacune. Sa fierté était sincère. Les filles se précipitèrent dehors, laissant leur mère préparer le repas sans avoir à ranger derrière elles. Pendant plusieurs semaines, les filles eurent besoin de la loi de grand-maman pour se mettre à ranger. Mais elles finirent par apprendre que ranger un jouet avant d'en sortir un autre accélérait le rangement et leur valait de grands compliments de leur maman.

Les nuisances sonores

Définition du problème

Les jeunes enfants sont des créatures naturellement bruyantes qui n'ont généralement pas conscience de la nécessité d'être silencieux dans certains lieux. Ils peuvent parler fort pendant la messe, s'exclamer avec enthousiasme quand ils trouvent un livre familier à la bibliothèque, et danser et chanter au grand dam de leurs voisins du dessous. Vous aurez beau les prévenir et les menacer, leur faible capacité de concentration et leur exubérance naturelle feront du bruit. Il est important de leur enseigner que certains endroits sont des zones silencieuses, mais ne vous attendez pas à ce qu'ils s'en souviennent sans avoir besoin de le leur rappeler.

Prévention du problème

Choisissez les endroits où vous allez

Sachez que les jeunes enfants sont naturellement bruyants. Donc, tant que vous ne savez pas s'ils sont capables de suivre votre règle du silence, évitez de les mettre dans des situations où ils sont obligés de rester silencieux. Si, par exemple, vous avez été invité à une cérémonie solennelle, sachez que votre enfant risque de ne pas penser à sa « voix intérieure » et de faire du bruit. Si vous voulez éviter l'inévitable, prenez d'autres dispositions pour lui.

Écourtez les visites dans les zones de silence

Vous savez à quel point il est pénible de devoir rester longtemps dans un endroit silencieux. Et encore, vous êtes un adulte ! Prévoyez d'y rester le moins longtemps possible. À deux ans, cinq minutes de silence peuvent être intolérables.

Retirez vos chaussures

Si vous habitez en appartement et que vous avez des voisins en dessous, adoptez comme règle de retirer vos chaussures en rentrant. Déchaussés, nous faisons un peu moins de bruit qu'en chaussures. Vous atténuerez ainsi les bruits venant de chez vous.

Résolution du problème

À FAIRE

Instaurez des règles

Quand vous allez dans un lieu silencieux, dites à votre enfant que les règles sont de rester silencieux, d'être attentif, d'écouter et de chuchoter.

Entraînez-vous

Avant d'aller à la bibliothèque, rappelez-lui les règles. Dites, par exemple : « Souviens-toi que la bibliothèque est un endroit silencieux. Nous devons utiliser notre petite voix. Entraînons-nous. Faisons semblant d'être à la bibliothèque. Mets tes doigts sur ta bouche pour penser à garder le silence. »

Quittez la zone silencieuse

Quand la règle du silence est constamment enfreinte malgré vos injonctions à utiliser sa petite voix, prenez conscience qu'il est important de respecter les autres et entraînez-vous à la maison avant d'emmener votre enfant dans un endroit silencieux. Dites: «Je suis désolé que tu ne gardes pas le silence. Nous devons partir maintenant.» Il risque de s'emporter, mais il est important d'aller jusqu'au bout et de partir comme promis.

Jouez au jeu du silence à la maison

Réglez le chronomètre de votre téléphone sur trois minutes et dites: «Restons aussi silencieux que possible jusqu'à la sonnerie.» Chuchotez-lui des félicitations: «Tu es si silencieux!» Et augmentez progressivement le temps de silence jusqu'à ce que vous pensiez que votre enfant a compris qu'il peut garder le silence.

Montrez l'exemple

Votre enfant a besoin de vous voir souvent donner l'exemple du comportement que vous attendez de lui. Donc, montrez-lui comment vous voulez qu'il se comporte. Quand vous êtes chez vous, par exemple, essayez d'avoir toujours une voix douce. Votre enfant ne vous écoutera que plus attentivement.

Prévoyez des activités silencieuses

Quand vous voulez que votre enfant reste silencieux pendant un court instant, vous devez avoir sous la main des activités silencieuses comme des livres d'images, des feutres et du papier ou une tablette électronique sur laquelle votre enfant peut lire, dessiner ou jouer à un jeu éducatif pour capter son attention. Réservez les activités bruyantes pour l'extérieur.

À NE PAS FAIRE

Ne criez pas

Aussi énervé que vous soyez, évitez de crier. Non seulement ce n'est pas un bon moyen pour aider votre enfant à apprendre à bien se comporter, mais en plus votre comportement est à l'exact opposé du comportement silencieux que vous attendez de lui.

Évitez les endroits où vous savez que votre enfant ne peut pas gérer

Si vous savez que votre enfant a des difficultés à rester silencieux à certains endroits, ne le poussez pas à la faute. Essayez d'éviter les endroits silencieux tant que vous n'êtes pas sûr qu'il a appris à suivre la règle du silence quand elle s'impose.

LES ÉCLATS DE LUCAS

À cinq ans, Lucas était bruyant. Il adorait courir, sauter, crier et donner libre cours à son exubérance. Mais Lucas vivait en appartement avec Laura, sa mère, et le bruit qu'il faisait leur valait souvent des plaintes de leurs voisins du dessous.

Laura avait beau essayer, elle n'arrivait pas à le contenir. Elle le réprimandait constamment parce qu'il était trop bruyant et son anxiété atteignait des sommets quand elle pensait à ses voisins. Laura menaçait Lucas d'une fessée quand il faisait du bruit tout en sachant à quel point c'était mal de taper son jeune fils. Le temps calme était son seul outil et Lucas semblait passer de plus en plus de temps à la maison, assis sur une petite chaise en attendant la sonnerie. Laura était contente que Lucas reste calme pendant une grande partie du temps qu'ils passaient ensemble à la maison, mais elle savait que le confiner en permanence en temps calme n'était bon ni pour lui ni pour leur relation.

Laura décida de tester une nouvelle stratégie pour apprendre à Lucas à rester plus longtemps silencieux à la maison. Elle décida que les activités extérieures seraient sa récompense, ainsi que sa soupape de sécurité pour évacuer la vapeur que Lucas accumulait en restant silencieux. Un samedi, alors que Lucas sautait à droite et à gauche en demandant à sortir, Laura décida de mettre son plan à exécution. Elle lui dit qu'il sortirait quand il resterait silencieux pendant une demi-heure, le temps qu'elle range le petit déjeuner. Laura régla le chronomètre de son téléphone et donna à Lucas le choix entre plusieurs activités silencieuses à faire en attendant. Lucas décida de jouer avec ses cubes à emboîtement.

En rangeant la cuisine, Laura complimenta souvent Lucas de jouer en silence, et elle lui rappela la sortie qui l'attendait. Mais au bout de quinze minutes, Lucas sauta du canapé pour démolir la construction qu'il venait de réaliser.

« Lucas, je suis tellement désolée que tu n'aies pas réussi à rester calme jusqu'à la sonnerie, dit-elle. Maintenant, il faut tout recommencer. Mais tes cubes sont trop bruyants. Choisis une autre activité, s'il te plaît. »

Laura régla à nouveau le chronomètre pour trente minutes et Lucas choisit de feuilleter le catalogue des cubes. Il venait souvent dans la cuisine pour poser des questions sur les différents coffrets, mais il marchait calmement et fut complimenté pour son calme.

Cette fois-ci, Lucas remporta le jeu du silence et mérita son tour au parc. Laura décida d'utiliser plus souvent le chronomètre quand ils étaient à la maison et elle dressa une liste des activités silencieuses à faire ensemble. Elle décida que les soirées seraient passées essentiellement à jouer avec Lucas jusqu'à l'heure du coucher, après quoi elle s'occuperait de la maison. À l'âge de cinq ans, il avait besoin d'elle pour apprendre à structurer son temps et à faire preuve de sang-froid à l'heure de devenir une version plus calme de lui-même !

Le refus des consignes

Définition du problème

Les jeunes enfants adorent tester les limites et mettre à l'épreuve la patience de tous les adultes qui les côtoient pendant leurs jeunes années. Ils sont curieux de voir si leurs parents vont mettre leurs menaces à exécution, jusqu'où les règles peuvent être assouplies et à quel point les consignes doivent vraiment être suivies.

Pour répondre à toutes ces questions, soyez cohérent avec lui. Prouvez-lui que vous pensez vraiment ce que vous dites pour qu'il ait davantage confiance dans ce qu'il peut attendre des adultes qui l'entourent. Vos règles peuvent lui paraître tyranniques, mais malgré ses protestations, il se sentira plus en sécurité s'il grandit en connaissant les limites qu'elles instaurent.

Prévention du problème

Sachez combien de consignes votre enfant peut suivre à la fois

Votre jeune enfant ne peut mémoriser et suivre qu'un certain nombre d'instructions à la fois selon son stade de développement. Pour trouver sa limite, donnez-lui une consigne, puis deux, puis trois. Par exemple, pour trois consignes, dites : « S'il te plaît, ramasse le livre, mets-le sur la table et viens t'asseoir à côté de moi. »

S'il les suit toutes les trois dans le bon ordre, vous saurez qu'il peut en mémoriser trois. Cernez sa limite et attendez qu'il grandisse pour lui donner des instructions plus compliquées.

Laissez votre jeune enfant faire autant de choses seul que possible

Votre jeune enfant veut marcher à son propre rythme et avoir un contrôle total de sa vie. Il va donc se battre pour pouvoir faire ses choix. Quand c'est possible, donnez-lui la possibilité de développer ses compétences en prise de décision. Vous améliorerez ainsi sa confiance en lui. Plus il aura le sentiment d'avoir le contrôle, moins il aura de chances de rejeter les instructions qui viennent de l'extérieur.

Évitez les règles inutiles

Analysez l'importance d'une règle avant de la graver dans le marbre. Votre jeune enfant a besoin d'autant de liberté que possible pour acquérir son indépendance.

Résolution du problème

À FAIRE

Donnez des consignes claires et simples

Pour que votre enfant ait plus de facilité à suivre vos instructions, exprimez le plus précisément possible ce que vous attendez de lui. Faites des suggestions, mais ne critiquez pas ce qu'il a fait. Dites, par exemple : « Ramasse tes jouets maintenant, s'il te plaît, et mets-les dans la caisse » plutôt que :

« Pourquoi ne penses-tu jamais tout seul à ramasser tes jouets et à les ranger ? »

Félicitez-le de suivre les instructions

Récompensez votre enfant pour avoir suivi vos instructions en le félicitant pour le travail bien fait. Montrez-lui également comment reconnaître les efforts de l'autre en disant : « Merci de ramasser tous les feutres par terre. » Ces éloges lui indiquent ce qu'il faut faire et lui apprennent à exprimer sa gratitude.

Faites la course contre la montre

Réglez le chronomètre de votre smartphone sur une minute. Puis dites à votre enfant : « Voyons si tu peux commencer à ramasser tes jouets avant la sonnerie ! À vos marques, prêts, partez ! » Ce « jeu » l'incite à abandonner ce qu'il fait pour son plaisir pour quelque chose que vous voulez qu'il fasse.

Félicitez les progrès de votre enfant

Soutenez votre enfant quand il progresse sur la voie de l'accomplissement de la tâche requise. Dites, par exemple : « C'est formidable, ta manière de te lever et de commencer à ranger tes jouets. »

Utilisez la loi de grand-maman

Les enfants ont plus de chances de suivre les instructions quand ils savent qu'ils pourront faire ce qu'ils veulent après avoir accompli la tâche demandée. Dites, par exemple : « Quand tu auras ramassé les livres, je te pousserai sur la balançoire » ou « Quand tu te seras lavé les mains, tu pourras déjeuner ».

Entraînez-vous à suivre les consignes

Si votre enfant ne suit pas vos instructions, aidez-le à accomplir la tâche requise pour essayer de savoir s'il en est incapable ou s'il est juste réticent. Guidez-le et félicitez-le pour ses progrès. Si vous découvrez qu'il peut accomplir la tâche, mais s'y refuse, dites : « Je suis désolé que tu ne suives pas les instructions. Nous devons nous entraîner. » Entraînez-vous cinq fois. Puis donnez-lui la possibilité de suivre les instructions par lui-même. S'il continue de refuser, dites : « On dirait que nous avons encore besoin d'un peu d'entraînement. Quand tu auras fini de t'entraîner, tu pourras t'amuser avec tes jouets. »

À NE PAS FAIRE

S'il résiste, ne cédez pas

Dites-vous : « Je sais que mon enfant ne veut pas faire ce que je veux, mais j'ai plus d'expérience et je sais ce qui est le mieux pour lui. Je dois lui apprendre en lui donnant des instructions claires pour qu'il puisse faire les choses lui-même. »

Si votre enfant ne suit pas vos consignes, ne le punissez pas

En lui apprenant à faire ce que vous demandez plutôt que de le punir de ne pas le faire, vous évitez de devenir une source de stress dans sa vie et vous lui apprenez à suivre les instructions.

« FAIS CE QUE JE TE DIS ! »

À quatre ans et demi, Evan Jackson connaissait son alphabet et ses nombres, et commençait même à déchiffrer des mots dans ses livres préférés. La seule chose qu'il ne faisait pas, c'était ce que sa mère attendait le plus de lui, à savoir suivre ses consignes. Tous les jours, elle lui donnait des consignes simples telles que : « Evan, s'il te plaît, ramasse tes jouets et mets tes vêtements sales dans le panier de linge sale » ou « Viens t'asseoir sur le canapé et mets tes chaussures ». En cours de route, Evan perdait le fil de ce qu'il était supposé faire et se mettait à examiner un camion ou à regarder ce que faisait son frère.

« Combien de fois dois-je te dire quoi faire ? hurlait sa mère en colère. Tu ne m'écoutes jamais ! Tu ne comprends jamais ce que je te dis ! »

Et ainsi de suite jusqu'à ce qu'un soir Evan lui réponde en criant : « Je ne peux pas faire tout ça ! »

Sa mère « entendit » ce qu'il dit et le prit au sérieux. Elle décida de limiter ses instructions à une seule. « Evan, s'il te plaît, apporte-moi tes chaussures », demanda-t-elle simplement. Evan se dirigea directement vers ses chaussures bleu et blanc et les apporta à sa mère, qui frappa de joie dans ses mains. « Merci beaucoup de faire ce que j'ai demandé ! » dit-elle. Un peu plus tard, elle demanda à Evan d'aller chercher son manteau. Quand il s'exécuta, elle le félicita pour ses efforts.

La mère d'Evan apprit que le meilleur moyen d'apprendre à son fils à suivre ses instructions était de limiter le nombre de consignes plutôt que de le menacer et de crier. Elle réalisa qu'écouter les sentiments d'Evan était crucial pour instaurer une relation positive. Elle augmenta progressivement le nombre des instructions qu'elle lui donnait et attendit qu'il soit capable d'en suivre deux à la fois avant de lui en donner trois. La clarté de ses propos et l'utilisation de la loi de grand-maman l'aidèrent à remporter la guerre contre le refus d'Evan de suivre les consignes.

Le grignotage

Définition du problème

L'appétit de nombreux jeunes enfants ne connaît pas de limite, à l'image de Macaron le glouton, la célèbre marionnette de l'émission enfantine « 1, rue Sésame ». Comme lui, votre enfant peut ne pas comprendre pourquoi il mange autant. Le grignotage est un symptôme et non le problème. Essayez de découvrir les raisons qui se cachent derrière un estomac apparemment sans fond. Parmi les explications, citons l'habitude, le confort émotionnel, l'ennui, le mimétisme ou le besoin d'attention. Aidez-le à trouver des moyens autres que le grignotage de satisfaire ses besoins et ses envies. Si votre enfant grignote constamment, consultez un médecin. Évitez de le mettre au régime sans surveillance médicale.

Prévention du problème

Donnez l'exemple d'un rapport sain à la nourriture

Votre rapport à la nourriture est contagieux. Si vous vous plaignez de manger trop ou d'être trop gros, votre enfant en déduira que la nourriture a du pouvoir au-delà d'être agréable et nécessaire pour la santé. Elle deviendra alors l'ennemie à abattre, car il aura peur de perdre le contrôle et de se jeter sur un gâteau au chocolat interdit.

La modération étant la clé de la santé, modérez vos propos autant que votre comportement. Chez les jeunes enfants, les troubles alimentaires sont devenus beaucoup plus courants, notamment à cause de notre obsession des régimes et de l'image.

Renseignez-vous sur la quantité de nourriture adaptée à votre enfant

Interrogez votre pédiatre sur les questions d'ordre nutritionnel. Pour plus d'informations sur les recommandations pour les jeunes enfants, consultez le site mangerbouger.fr.

Proposez des aliments bons pour la santé

Éloignez les aliments gras et sucrés à la portée de votre enfant pour lui éviter la tentation. Et ne vous en servez pas comme carotte ou comme récompense !

Vérifiez son alimentation

Votre enfant est trop jeune pour savoir ce qu'il doit ou ne doit pas manger. À vous d'instaurer des habitudes alimentaires saines – le plus tôt sera le mieux. Rendez-vous sur le site mangerbouger.fr.

Apprenez-lui quand, comment et où manger

Limitez les repas à la cuisine et à la salle à manger. Mangez lentement et insistez pour que la nourriture soit servie sur une assiette ou dans un saladier, et non directement prise dans le réfrigérateur. Prendre plus de temps entre deux bouchées permet au cerveau de recevoir le message de satiété et donc de ne pas manger plus que nécessaire. Comptez une vingtaine de minutes.

Résolution du problème

À FAIRE

Proposez des activités agréables autres que manger

Cherchez à savoir ce que votre enfant aime faire à part manger et proposez-lui ces activités quand il a assez mangé et quand son cerveau a eu le temps de lui dire qu'il n'a plus faim.

Proposez des goûters nourrissants

Un goûter bien placé peut empêcher votre enfant d'avoir trop faim et de s'empiffrer à l'heure du repas.

Surveillez que votre enfant ne mange pas trop

Essayez de découvrir pourquoi votre enfant mange trop en observant s'il se tourne vers la nourriture quand il s'ennuie, quand il est en colère, quand il est triste, quand il voit les autres manger ou quand il cherche à attirer votre attention. Aidez-le à faire face à ces sentiments en parlant ou en jouant plutôt qu'en compensant par la nourriture.

Contrôlez vos propres habitudes alimentaires

Quand les parents grignotent des aliments gras et sucrés toute la journée, les enfants auront tendance à faire de même.

Félicitez ses bons choix alimentaires

Vous pouvez influer sur ses préférences alimentaires par le seul ton de votre voix et en l'encourageant à manger des aliments conseillés. Par exemple, chaque fois qu'il prend une orange, dites : « C'est un excellent choix pour le goûter. Je suis content que tu prennes si bien soin de toi en mangeant de bonnes choses comme des oranges.»

Encouragez l'activité sportive

Les enfants en surpoids ne mangent souvent pas plus que les enfants de poids normal; simplement, ils ne brûlent pas suffisamment de calories en faisant du sport. Si vous vivez sous un climat froid, proposez des activités physiques en salle l'hiver, comme la danse ou la corde à sauter. L'été, privilégiez des activités comme la natation, la marche, le basket ou le foot. Elles sont non seulement bonnes pour son développement physique, mais en plus elles soulagent les tensions, lui font prendre l'air et font travailler sa coordination et sa force. Votre participation rendra le sport encore plus agréable.

Accordez-lui une attention positive

Félicitez ses œuvres d'art, les vêtements qu'il a choisis, sa manière de ranger ses jouets, et ainsi de suite. Vous accorderez ainsi une attention positive pour des choses autres que la nourriture.

À NE PAS FAIRE

N'utilisez pas la nourriture comme récompense

Ne proposez pas des aliments comme cadeau ou comme récompense. Vous éviterez ainsi de lui inculquer que manger signifie plus que satisfaire sa faim.

Ne cédez pas à son envie de trop manger

Votre enfant peut très bien réclamer un hot dog alors qu'il vient d'en manger déjà deux. Faites preuve de bon sens dans les quantités que vous servez à table. C'est votre mission de parent attentionné, aidant et protecteur.

Ce n'est pas parce qu'il veut plus qu'il doit avoir plus. L'important, c'est de satisfaire sa faim. Dites : « Je pense que deux hot dogs suffisent pour le moment. Jouons quelques minutes, puis nous verrons si tu as encore faim pour un hot dog. » Vous lui apprenez ainsi à cerner les bonnes quantités tout en écoutant ses désirs et ses souhaits.

Ne donnez pas de sucreries à votre enfant en colère

Si vous lui offrez systématiquement des sucreries pour le réconforter quand il est en colère, il risque d'associer les aliments à une nourriture émotionnelle (plutôt que physique).

Ne mangez pas systématiquement devant la télé

Évitez d'apprendre à votre enfant à associer nourriture et télévision. Mieux vaut limiter le temps qu'il passe devant la télévision pour plusieurs raisons (voir « Le trop d'écrans », page 307), notamment parce que la publicité le bombarde de messages alimentaires. Si possible, enregistrez ses émissions préférées et passez la pub.

Bannissez les aliments gras et sucrés au goûter

Ce que vous autorisez au goûter et au repas est ce que votre enfant attendra. Les préférences alimentaires sont acquises, pas innées.

Ne vous moquez pas de votre enfant en surpoids

Lui donner des surnoms comme « Bouboule » ne résoudra pas son problème de grignotage, mais créera un autre problème :

ce sera son identité. Ce sera ce qui le définit plutôt que la conséquence du fait qu'il mange trop, trop vite et pas équilibré.

« FINIS, LES COOKIES ! »

À trois ans, Olivia Hanlon avait la réputation à la maternelle et dans la famille d'être un « ventre sur pattes ». Quand elle voyait de la nourriture, elle mangeait. Elle semblait n'être jamais rassasiée.

« Non, tu n'auras pas un autre cookie, Olivia ! hurlait Eva chaque fois qu'elle surprenait sa fille en train de se servir. Tu as mangé assez de cookies pour toute ta vie ! » Mais ni les accès de colère ni les menaces de lui confisquer son tricycle ne freinaient le désir d'Olivia de finir un paquet de biscuits ou une assiette. Eva décida de consulter le pédiatre pour changer les habitudes alimentaires de sa fille. Le médecin lui donna un programme nutritionnel et des idées de recettes sur mesure pour Olivia. Il lui expliqua également que quand les enfants mangent très vite, comme dans le cas d'Olivia, leur cerveau n'a pas le temps de leur dire qu'ils sont rassasiés.

Le lendemain, Olivia engloutit la quantité de flocons d'avoine prescrite et demanda à se resservir. Eva lui répondit, sans être ni énervée ni insultante : « Je suis contente que tu aies aimé les flocons d'avoine, Olivia. Tu en auras demain matin. Allons lire ton nouveau livre. » Eva savait que la portion qu'elle avait donnée à Olivia était suffisante sur le plan nutritionnel et que son estomac enverrait à son cerveau le message qu'il était rassasié. Il lui fut donc plus facile de rester ferme quand Olivia demanda à se resservir. Il lui fut aussi plus facile de prévoir les repas, car elle savait quelles quantités étaient suffisantes pour sa fille.

Pendant les repas, les parents d'Olivia la faisaient participer à la conversation et la félicitaient quand elle mangeait moins précipitamment. Ils cessèrent également d'avoir en permanence des cookies. Olivia se mit à goûter d'autres aliments à la fois bons et équilibrés. Eva félicitait ses choix chaque fois qu'elle choisissait un aliment sain en lui disant : « C'est formidable que tu aies choisi des bâtonnets de carottes au goûter. »

L'abus du « non ! »

Définition du problème

« Non » est le mot le plus utilisé par les jeunes enfants. Pourquoi ? Parce que c'est le mot le plus utilisé par les parents, qui l'emploient pour exercer le pouvoir et le contrôle sur leurs enfants quand ils se comportent mal. Les petits enfants sont réputés aller dans, sur et sous tout ce qu'il ne faudrait pas, et les parents sont réputés dire : « Non ! Ne touche pas ! » ou « Non ! N'ouvre pas ça ! » ou « Non, non, non ! ». En plus, les petits apprennent vite que leur « non » peut être un puissant outil pour prendre le pouvoir et le contrôle sur ce qu'ils veulent quand ils le veulent.

Prévention du problème

Observez la personnalité de votre enfant

Si vous connaissez les besoins et les envies de votre enfant, vous saurez quand son « Non ! » signifie non et quand il signifie oui ou autre chose. En d'autres termes, quand il dit non à toutes vos requêtes, ne le prenez pas forcément au pied de la lettre.

Évitez les questions fermées

Évitez les questions auxquelles votre enfant peut répondre « Non ». Par exemple, demandez-lui combien de jus de fruits il veut, pas s'il en veut. Si vous voulez qu'il monte dans la voiture, ne dites pas : « Tu veux monter dans la voiture ? » Dites : « Nous allons dans la voiture, maintenant » puis allez-y !

Changez votre « non ! » en autre chose

Le meilleur moyen de réduire la fréquence du non chez votre enfant est de limiter le nombre de fois où il vous entend dire non, ainsi que de réduire ses possibilités de répondre non. Par exemple, quand votre enfant fait quelque chose que vous ne voulez pas qu'il fasse, dites stop plutôt que non.

Canalisez son comportement

Quand vous lui dites non, c'est généralement que vous voulez qu'il cesse de se comporter d'une certaine manière. Enseignez-lui un autre comportement en remplacement de celui que vous voulez qu'il arrête. Par exemple, s'il creuse la terre dans un pot de fleurs, au lieu de dire non, dites simplement : « S'il te plaît, arrête de creuser la terre. Jouons plutôt avec la maison de poupée. » En le canalisant ainsi, vous modifiez son comportement sans utiliser le très redouté non.

Résolution du problème

À FAIRE

Ignorez le « Non ! »

Si vous n'êtes pas sûr de ce que signifie son non, dites-vous que c'est un oui. Par exemple, s'il ne veut pas du jus de fruits qu'il vient de refuser, il ne le boira pas. Vous finirez par savoir quand il veut vraiment dire non.

Laissez votre enfant dire non

Même s'il doit encore faire ce que vous voulez (ou ce dont vous avez besoin) qu'il fasse, votre enfant a le droit de dire non. Quand il refuse, expliquez-lui la situation. Dites, par exemple: «Je sais que tu ne veux pas ramasser tes crayons. Mais quand tu les auras ramassés, tu pourras jouer avec les feutres.» Votre enfant sait alors que vous avez entendu ce qu'il a dit et que vous prenez en compte ses sentiments – mais que vous voulez toujours qu'il fasse ce que vous lui avez demandé.

À NE PAS FAIRE

Ne riez pas et n'encouragez pas l'usage du non

Rire ou attirer l'attention sur l'abus du non par votre enfant ne fait que l'encourager à l'utiliser davantage pour vous faire réagir.

Ne vous mettez pas en colère

Souvenez-vous que «l'âge du non» est une étape normale dans le développement de votre enfant et qu'elle passera rapidement. Se mettre en colère, c'est lui accorder de l'attention pour avoir dit non – et l'attention et le pouvoir sont précisément ce qu'il recherche.

POUR NATHAN, C'EST «NAN!»

À vingt mois, le mot préféré de Nathan Shelby était le mot le moins aimé de ses parents: c'était non. Le petit Nate l'utilisait pour répondre à toutes les questions qui lui étaient posées, à tel point que ses parents finirent par s'interroger sur ses

facultés mentales. « Tu ne sais rien dire d'autre que non ? » demandaient-ils à leur fils. Devinez sa réponse !
Ils essayèrent de limiter leur propre utilisation de ce mot pour voir si ce changement aurait un impact sur le vocabulaire de Nathan. Au lieu de dire « Non, pas maintenant » dès que Nate demandait un cookie, ils disaient : « Oui, tu auras un cookie quand tu auras fini de manger. » C'était en réalité une autre façon de dire non, mais Nate ne réagissait pas mal. Ses parents tenaient leur promesse et il avait un cookie juste après manger.
À l'heure où ses parents échangèrent leurs non pour des oui, Nate se mit à dire davantage oui, un mot qui lui valait immédiatement des sourires, des câlins et des compliments de ses parents ravis. « Merci d'avoir dit oui quand je t'ai demandé si tu voulais prendre un bain », disait sa mère. Ils étaient aux anges : la fréquence de son non était directement proportionnelle à la fréquence de leurs éloges pour un oui.
Les Shelby essayèrent également de limiter le nombre de questions fermées qu'ils posaient à Nate. Au lieu de lui demander s'il voulait boire, ils lui disaient : « Tu veux du jus de pomme ou du lait ? » Nate était heureux de pouvoir choisir.
Leurs efforts étaient des moyens indolores de gérer le non de leur fils. À la maison, l'atmosphère devint rapidement plus positive.

Le stress des voyages en avion

Définition du problème

Prendre l'avion avec de jeunes enfants pour aller chez les grands-parents ou pour des vacances en famille peut générer une forte anxiété chez les parents. Comment tenir un jeune enfant agité et actif dans le petit espace confiné d'un siège d'avion pendant toute la durée du trajet ? L'excitation et la promiscuité peuvent le pousser à crier et à se rebeller ouvertement pour ne pas rester attaché pendant ce qui lui semble être une éternité.

Avant le vol, en plus de votre petit qui pleurniche et qui gigote, vous devrez porter tout le matériel pour enfant. Vous avez le droit d'emporter votre siège auto à bord, mais renseignez-vous au préalable sur les règles pour les enfants de la compagnie aérienne. Le passage des portiques de sécurité, l'attente dans la salle d'embarquement, les files d'attente à l'embarquement et le rangement des bagages à main avant le décollage peuvent être perturbants. Si vous devez prendre l'avion, vous allez devoir gérer tout ce manège avec attention. Voyons comment procéder.

Utilisez votre siège auto

Les compagnies aériennes vous recommandent d'emporter le siège auto de votre enfant à bord par mesure de sécurité. C'est plus sûr, mais c'est aussi un accessoire familier et plus confortable qu'un siège d'avion avec une ceinture ventrale. Il aura aussi plus de chance de rester attaché parce que c'est déjà la règle en voiture.

Prenez un vol de nuit

Si possible, prenez un vol de nuit pour que votre enfant puisse dormir une grande partie du temps. Là encore, un siège auto peut aider, car ce sera probablement plus confortable pour dormir.

Résolution du problème

À FAIRE

Faites preuve d'empathie

Au premier signe de rébellion, arrêtez ce que vous êtes en train de faire et parlez-lui calmement. Dites : « Je comprends que tu ne veuilles plus rester assis, mais c'est la règle. Le pilote nous dira quand nous pourrons nous lever. Je sais que tu ne veux pas attendre. Mais tu es tellement patient. »

Dégourdissez-vous les jambes

Faites le tour de la salle d'embarquement pour éviter qu'il ne reste assis trop longtemps avant le décollage. Pendant le vol, promenez-vous dans les allées si vous le pouvez pour dégourdir ses petites jambes.

Proposez des récompenses

Si votre enfant s'agite, proposez-lui une activité ludique que vous avez gardée en réserve pour ce genre de circonstance. Dites : « Je sais que tu en as assez d'être assis. Quand tu auras lu encore un de tes livres, tu pourras jouer avec la tablette pendant un quart d'heure. Je sais qu'il y a un jeu que tu aimes. »

Félicitez-le

Continuez de complimenter sur son bon comportement tout au long du voyage. Dites : « Tu restes assis si calmement » ou « Merci de jouer avec ta boîte à secret ».

À NE PAS FAIRE

Ne perdez pas votre sang-froid

Votre enfant sent votre humeur. Répétez-vous sans cesse : « Tout va bien. Je gère. Ce n'est pas grave. » Ce monologue intérieur positif réduira votre anxiété et ne paniquera pas votre enfant.

Ne proposez pas des aliments en récompense

Quand votre enfant s'agite dans l'avion ou en attendant le décollage, n'utilisez pas des aliments pour l'inciter à suivre les règles. Le risque est que la nourriture prenne une trop grande importance et qu'il se comporte mal uniquement pour obtenir une sucrerie. Utilisez plutôt la loi de grand-maman pour le motiver et proposez des activités comme récompenses. Dites : « Si tu restes dans ton siège, toi et moi pouvons chanter tout doucement ! »

Ne le menacez pas

Proférer des menaces ne fait que risquer de provoquer une réaction toxique chez votre enfant, inquiet de votre colère. Dire, par exemple: «Si tu ne te tiens pas bien, nous allons rentrer à la maison» ne lui apprendra pas à bien se comporter, même si vous êtes prêt à renoncer à vos billets d'avion. En plus, vous serez une source de stress pour votre enfant, et non une source d'attention et de soutien. En revanche, utiliser les félicitations et les activités comme récompense vous permet de rester attentionné et de l'encourager.

Si votre enfant se met à pleurer sans discontinuer ou s'il a un accès de colère en plein vol, voir «Les accès de colère», page 288.

LES ALÉAS DU VOYAGE

Emma était une petite fille intelligente et énergique de deux ans et demi que ses grands-parents avaient très envie de voir. Ils offrirent à sa mère, Ellie, des billets pour venir les voir dans leur maison de retraite sous le soleil et la chaleur du sud. Ellie avait envie de voir ses parents et de passer une semaine au chaud après l'hiver rigoureux qu'ils venaient de traverser, mais elle était inquiète à l'idée de prendre l'avion avec Emma, d'autant qu'elle allait devoir y aller seule parce que Wyatt, son mari, ne pouvait pas les accompagner.

Ellie hésita pendant toute une semaine, puis décida d'accepter la proposition de ses parents. «Quel est le pire qui puisse se produire pendant trois heures de vol ?» demanda-t-elle à Wyatt. Pour savoir ce que c'était que de voyager avec un jeune enfant, Ellie et Wyatt commencèrent à interroger leurs amis sur leurs expériences. Leurs réponses ne les rassurèrent pas

du tout. Ils entendirent des histoires d'enfants incontrôlables, d'adultes hurlants, de passagers grincheux et de doudous égarés. Ellie était sur le point de reculer quand elle se dit : « J'ai vécu pire que tout ce que je viens d'entendre. Je peux gérer. »
Ellie et Wyatt commencèrent à prévoir ce dont Emma aurait besoin pour être contente pendant le voyage. Ellie emprunta un joli sac à roulettes à une amie, et Emma le fit rouler dans toute la maison pendant des jours en le remplissant de tout ce qu'elle voulait emporter. Chaque jour, Ellie et Emma installaient les chaises en rang et faisaient semblant de prendre l'avion.

Le jour du vol, Wyatt conduisit sa précieuse cargaison à l'aéroport. Emma coopéra et suivit les règles qu'ils avaient édictées pour les portiques de sécurité et la salle d'embarquement. Emma et Ellie explorèrent le terminal en traînant le sac. Puis elles embarquèrent. Pendant le vol, Ellie donna à Emma ses nouveaux jouets, livres et jeux quand elle les réclamait ou quand elle se lassait d'un jeu. À leur arrivée, Emma avait fait la sieste et était fraîche et dispose pour aller voir ses grands-parents. Ellie était elle aussi détendue. Le voyage s'était si bien déroulé. Le pire, dans tout cela, avait été ce que son imagination débridée avait provoqué, à savoir une semaine d'inquiétude avant même le début du voyage !

Le refus de se faire aider

Définition du problème

« C'est moi qui fais ! » Telle est l'une des phrases que les jeunes parents doivent s'attendre à entendre vers le deuxième anniversaire de leur enfant. Cette déclaration d'indépendance est pour eux une occasion en or de laisser leur enfant toucher à tout pour perfectionner ses compétences, du moment qu'il n'enfreint pas les règles de la maison. Déployez des trésors de patience, soyez indulgent avec ses erreurs et trouvez un équilibre entre la nécessité d'effectuer les tâches ménagères et l'importance d'enseigner à votre enfant les vertus majeures de l'indépendance.

Prévention du problème

Partez du principe que votre enfant peut le faire lui-même

Surveillez l'évolution de ses compétences et laissez-lui vraiment une chance d'essayer avant de l'aider ou de faire à sa place afin de ne pas sous-estimer ses capacités actuelles.

Achetez-lui des vêtements pratiques

Achetez des bas qui se mettent et s'enlèvent facilement, notamment pour l'apprentissage de la propreté. Achetez des hauts qui passent au-dessus de sa tête et ne restent pas coincés sur ses épaules quand il les enfile. Évitez les rangées de boutons.

Aménagez des rangements accessibles et coordonnés

Aidez-le à coordonner ses vêtements en les triant et en les rangeant dans des paniers et des tiroirs à portée de main.

Évitez-lui les contrariétés

Essayez de lui faciliter le plus possible les tâches. Défaites les attaches de ses pantalons ou commencez à baisser la fermeture de son manteau, par exemple, avant de le laisser finir le travail.

Résolution du problème

À FAIRE

Course contre la montre

Informez votre enfant du temps que vous avez pour une activité. Vous l'aiderez ainsi à comprendre que ce n'est pas son incapacité à faire quelque chose qui vous oblige à prendre les choses en main si vous devez aller plus vite qu'il ne le peut. Réglez le chronomètre de votre téléphone sur le nombre de minutes que vous accordez à une tâche et dites: «Voyons si tu peux t'habiller avant la sonnerie.» Vous lui apprenez aussi à être à l'heure et vous limitez les risques de bras de fer entre vous et lui. Ce n'est pas vous qui lui dites de faire quelque chose, c'est le chronomètre.

Encouragez la coopération et le partage

Votre enfant ne comprend pas pourquoi il ne peut pas faire quelque chose et ne comprend pas qu'il finira par pouvoir le faire. Suggérez-lui de partager le travail: il fera ce qu'il peut et vous ferez le reste. Par exemple, quand vous mettez ses chaussures à un enfant d'un an, dites: « Peux-tu tenir ta chaussette pendant que je te mets ta chaussure ? » Quand c'est possible, laissez-le accomplir une partie du travail plutôt que de le laisser vous regarder et se sentir inutile.

Chaque effort compte

Vous êtes le premier et le plus important professeur de votre enfant. À vous de l'encourager à se lancer. Dites, par exemple: « J'aime bien quand tu enfiles ton tee-shirt. C'est une belle initiative. Maintenant, je vais t'aider à le retourner pour mettre l'inscription devant. »

Restez aussi calme et patient que possible

Si votre enfant veut faire quelque chose – « Je vais enfiler mon short » ou « Je vais ouvrir la porte » ou « Je vais fermer le tiroir » –, souvenez-vous qu'il affirme son indépendance, pas son obstination. Votre but étant de lui apprendre à faire les choses lui-même, laissez-le essayer. Évitez de vous énerver quand il n'est pas aussi rapide et précis que vous le voudriez. Réjouissez-vous plutôt qu'il franchisse un premier pas sur la voie de l'autonomie et soyez fier de ses initiatives.

Accordez-lui autant d'indépendance que possible

Laissez-le agir le plus possible par lui-même afin que la contrariété ne prenne pas le pas sur sa curiosité naturelle. En enfilant ses chaussures, par exemple, s'il veut tenir son autre chaussure, n'insistez pas pour l'éloigner de ses doigts agiles. Il peut ensuite vous la tendre quand vous avez fini avec la première.

Demandez, n'exigez pas

Pour avoir plus de chances que votre jeune enfant demande les choses gentiment, montrez-lui comment demander poliment. Dites : « Si tu me demandes gentiment, tu pourras jouer avec tes cubes. » Puis expliquez-lui ce que signifie gentiment. Par exemple, apprenez-lui à dire : « Je peux avoir une fourchette, s'il te plaît ? » quand il veut une fourchette.

À NE PAS FAIRE

Ne punissez pas ses erreurs

Les incidents sont inévitables en cours de route. Soyez patient. Si votre enfant essaie de verser lui-même le lait et en renverse accidentellement, aidez-le à se servir plus prudemment la prochaine fois. N'escomptez pas un succès immédiat.

Ne critiquez pas ses efforts

Évitez de souligner ses erreurs. S'il met sa chaussette à l'envers, dites simplement : « Mets le côté doux de la chaussette à l'intérieur, du côté de ton pied, d'accord ? »

Ne vous sentez pas rejeté

Ne vous vexez pas si votre enfant n'apprécie pas votre aide. Il essaie de faire ses propres choix et peut percevoir votre aide comme un obstacle. S'il dit : « Laisse-moi ouvrir la porte », laissez-le faire. Il sait que vous faites les choses plus vite et plus facilement, mais il veut et a besoin de développer ses compétences. Appréciez ses efforts de faire les choses par lui-même.

ISABELLE L'INDÉPENDANTE

Les trois premières années de la vie d'Isabelle Manning, sa mère, Sarah, fit tout pour elle. Puis soudain « Miss Indépendance » refusa toute aide – un changement aussi perturbant que frustrant pour Sarah. « Je n'en peux plus de t'attendre, Isabelle ! Tu n'es pas assez grande pour faire ça toi-même », disait-elle quand elles étaient en retard pour l'école et qu'Isabelle insistait pour enfiler seule son manteau.

Les exigences et le refus d'obéir diminuèrent le jour où Sarah comprit qu'elle finissait par ne pas apprécier le désir d'indépendance de sa fille. Un matin, alors qu'Isabelle s'habillait pour aller à l'école, Sarah la vit enfiler son manteau pour la première fois. « C'est génial, tu as réussi à enfiler ton manteau, déclara-t-elle. Tu te dépêches vraiment de te préparer à aller à l'école ! Je suis si fière de toi ! » Isabelle laissa sa mère finir de remonter sa fermeture Éclair sans broncher, ce qui ne s'était pas produit depuis des semaines.

En allant à l'école, Sarah réalisa à quel point sa fille devenait indépendante. Elle continua de féliciter ses efforts et lui facilita le plus possible la tâche. Puis, quand c'était nécessaire, elles achevaient ensemble le travail.

La difficulté à partager

Définition du problème

« C'est à moi ! » Voilà ce que répètent en boucle les jeunes enfants pour rappeler aux autres enfants (et aux adultes) leurs droits territoriaux. Malgré les conflits que ces paroles déclenchent, la possessivité des enfants ne disparaît, hélas, pas avant qu'ils aient la maturité de partager. Aidez votre petit à poser les bases de la paix en lui inculquant constamment les règles de partage en vigueur dans la société. Instaurez ces règles à la maison, mais soyez patient. Ne vous attendez pas à ce qu'il vous suive complaisamment tant qu'il n'est pas prêt à partager sans votre intervention – ce sera alors le signe magnifique qu'il est prêt à élargir ses horizons.

Prévention du problème

Veillez à ce que certains jouets restent sa propriété exclusive

Avant que les jeunes enfants cessent de dire c'est à moi ou autre, ils doivent avoir une chance de posséder leurs propres affaires. Quand des visiteurs viennent jouer à la maison, rangez ses jouets ou ses doudous préférés pour qu'il ne soit pas obligé de les partager.

Montrez comment vos amis et vous partagez

Montrez à votre enfant qu'il n'est pas le seul au monde à devoir partager. Pendant des temps neutres (autres que des temps de partage), donnez-lui des exemples de moments où vous et vos amis partagez. Dites : « Marie m'a emprunté mes ciseaux » ou « Charlie m'a emprunté ma tondeuse à gazon ».

Montrez ce que signifie partager et à quel point vous l'appréciez

Dites à votre enfant qu'il est gentil de partager quand il laisse un autre prendre ou jouer avec ses jouets. Dites, par exemple : « J'aime quand tu partages et que tu laisses ton ami jouer avec les cubes. »

Mettez des étiquettes sur les jouets identiques (pour les jumeaux et les frères et sœurs proches en âge)

Assurez-vous que vous ne confondez pas l'ours en peluche de votre fille avec celui de sa sœur ou de son frère. Distinguez-les par une étiquette ou du fil. Votre enfant abordera l'idée de propriété avec plus de sérénité.

Instaurez des règles de partage

Avant que des amis viennent jouer, faites savoir à votre enfant ce que vous attendez de lui dans les moments de partage. Dites, par exemple : « Si tu poses un jouet, tout le monde peut le prendre. Si tu l'as dans les mains, tu le gardes. »

Sachez que votre enfant aura plus de facilité à partager chez un ami

Les jouets et autres objets que votre enfant croise hors de chez vous ne sont pas sa propriété exclusive. Il est moins possessif quand il ne défend pas son propre territoire.

Souvenez-vous que le partage est une tâche en développement

Apprendre à partager demande du temps.

Résolution du problème

À FAIRE

Surveillez les jeux de votre enfant

Restez à proximité et soyez attentif pendant qu'il joue avec les autres. Vous pourrez ainsi résoudre les conflits de partage qu'il est trop jeune pour gérer sans vous.

Réglez le chronomètre

Quand deux enfants disent « C'est à moi ! » en parlant d'un même jouet, montrez-leur comment trouver un compromis. Dites à l'un que vous allez régler le chronomètre de votre smartphone et qu'à la sonnerie l'autre pourra avoir le jouet. Poursuivez jusqu'à ce qu'ils se soient lassés du jouet.

Placez les jouets en temps calme

Si un jouet est source de problème parce qu'un enfant ne veut pas partager, placez-le en temps calme. Une fois hors de portée, il ne posera plus de problème. Dites : « Ce jouet provoque un problème. Je vais l'envoyer en temps calme. Si les enfants continuent de se le disputer quand vous le ramenez, confisquez-le pour bien montrer que, s'ils n'arrivent pas à le partager, personne ne jouera avec.

À NE PAS FAIRE

Ne vous mettez pas en colère

Souvenez-vous que votre enfant apprendra la règle du partage quand il en aura la maturité, pas quand vous le forcerez à le faire. Quand vous le verrez partager, vous saurez qu'il est prêt !

Ne le punissez pas

Si votre enfant a du mal à partager un jouet, confisquez le jouet plutôt que de punir votre enfant. La faute revient ainsi au jouet, pas à votre enfant.

L'APPRENTISSAGE DU PARTAGE

À trois ans, Liam Smith savait ce que voulait dire partager : cela signifiait qu'il ne pouvait pas avoir autant de jouets qu'il le voulait quand son ami Jason venait jouer.

« Tu dois partager ! » lui disait sa mère après chaque nouvelle journée où Liam avait empoigné ses jouets en disant « C'est à moi ! » quand sa mère lui disait : « Maintenant, Liam, on partage. » Le jour où Nora Smith s'écria : « Si tu ne partages pas tes jouets, je vais tous les donner aux enfants pauvres. Ils seront ravis », Liam céda ses jouets en pleurant.

Ce soir-là, après avoir couché Liam, Nora dit à son mari : « Liam ne sait pas partager. » Cette simple déclaration donna un nouvel éclairage au problème. Les Smith comprirent qu'ils devaient apprendre à Liam ce que signifiait réellement partager. Quand ses cousins revinrent, Nora le prit à part et lui dit : « Liam, voici la nouvelle règle du partage : dans cette maison, tout le monde peut jouer avec tout tant que quelqu'un d'autre ne joue pas déjà avec. Si toi ou Mike ou Alexis tenez un jouet, personne ne peut le prendre. Et chacun d'entre vous joue avec un seul jouet à la fois. » Nora dit aussi à Liam qu'il pouvait choisir de retirer son jouet préféré, qui n'appartiendrait qu'à lui et rien qu'à lui.

Pendant les heures qui suivirent, Nora fut nerveuse, mais Liam semblait plus détendu. Au début, il prit un jouet et laissa ses cousins faire leur choix dans le coffre. « Je suis tellement fière que tu partages », le félicita sa mère, attentive, en le voyant faire. Mais quand elle s'éloigna pour préparer le repas, le familier « C'est à moi ! » retentit dans la salle de jeux. Alexis et Liam se disputaient la nouvelle poupée « qui fait son rot ». « Ce jouet pose des problèmes, déclara Nora d'un ton neutre. Je vais le placer en temps calme. »

Les enfants regardèrent avec incrédulité la pauvre poupée assise dans la chaise « spécial temps calme », aussi seule qu'un chiot qui aurait été envoyé au coin pour mauvaise conduite. Au bout de deux minutes, Nora redonna la poupée aux enfants, qui l'avaient depuis longtemps oubliée et qui étaient occupés à jouer avec les cubes à emboîtement.

Au fil des semaines, les enfants se mirent à jouer côte à côte. Les jouets restaient de moins en moins longtemps en temps calme, en particulier grâce à Liam, qui se montrait plus disposé à laisser « ses » jouets devenir « leurs » jouets.

La timidité

Définition du problème

Imaginez que vous voyez votre voisine, Kathy, au supermarché pendant que vous faites vos courses avec Samira, votre fille de trois ans. Soudain, celle-ci se cramponne à votre jambe et ne répond pas au simple bonjour de Kathy. Surpris par sa soudaine timidité, vous lui demandez : « Où est le problème ? Tu adores Kathy ! »

Les parents sont souvent désemparés quand leurs enfants se « figent » devant des adultes qui leur disent bonjour. Certains enfants embrassent le monde avec une curiosité débridée, tandis que d'autres maintiennent cette curiosité sous cloche, choisissant d'observer avant de se lancer. Les deux tendances sont normales, et chacune est le reflet d'un tempérament inné. En d'autres termes, la timidité chez un enfant n'est pas un problème en soi. Elle le devient quand elle est si forte qu'elle l'empêche de se faire des amis ou de participer à des activités en dehors de chez lui. Enseigner la sociabilité et faire des jeux de rôle dans diverses situations aidera les jeunes enfants à la combattre et à améliorer leur confiance en eux.

Prévention du problème

Développez des attentes et des objectifs réalistes

La manière dont vous attendez que votre enfant agisse avec les autres n'est peut-être pas réaliste compte tenu de son âge et de son tempérament. Par exemple, si votre enfant de deux ans n'est pas prêt à aller à un anniversaire, le forcer ne fera qu'augmenter son appréhension. Les jeunes enfants surmontent leur timidité en multipliant les expériences, mais ne vous attendez pas à un changement du jour au lendemain.

Acceptez sa timidité

Chaque enfant a son tempérament. Certains sont chaleureux et ouverts, d'autres sont prudents et timides, et certains oscillent entre les deux. Au lieu d'envoyer à votre enfant timide le message que quelque chose ne tourne pas rond chez lui, acceptez sa timidité comme faisant partie de son tempérament.

Complimentez-le

Quand votre enfant fait un commentaire pendant une conversation, faites-lui un compliment. Dites, par exemple : « J'aime bien ce que tu as dit à propos du chiot, Samira. Sa patte est d'un blanc inhabituel. »

Donnez le bon exemple

Donnez à votre enfant plein d'occasions de vous voir vous comporter en société. Imaginez différents scénarios pour lui apprendre quoi dire dans certaines situations. Dites, par exemple : « Quand les gens me demandent comment je me sens, je dis généralement "Bien, et vous ?" »

Résolution du problème

À FAIRE

Faites preuve de compréhension et d'empathie

Quand votre enfant semble être timide en société, dites-lui : « Je comprends ce que tu ressens. Parfois, je ne veux pas voir du monde. » Il est important de comprendre qu'en vous disant « Mon enfant DOIT venir au dîner de Thanksgiving ! » ou « C'est horrible que ma fille soit si timide », vous dramatisez et vous exagérez la situation, et vous renforcez ce comportement en donnant du poids et de la reconnaissance à sa timidité. Quand il sera prêt à se joindre au groupe, il le fera. Ce jour-là, accueillez-le à bras ouverts !

Entraînez-vous à répondre aux questions

Si votre enfant se met en mode timide, il vous dit probablement qu'il a besoin d'apprendre à répondre aux questions. Entraînez-vous avec lui en voiture ou en jouant dans la baignoire. Dites, par exemple : « Quand quelqu'un te demande comment tu t'appelles, réponds "Samira". Ainsi, il saura qui tu es. Entraînons-nous. Quand je te demande comment tu t'appelles, qu'est-ce que tu réponds ? » Entraînez-vous plusieurs fois par jour jusqu'à ce qu'elle réponde automatiquement « Samira ».

Entraînez-vous avec votre famille et vos amis

Offrez à votre enfant des occasions de participer aux conversations. Dites, par exemple : « Que dirais-tu de manger une pizza ce soir ? » ou « Raconte à ton père ta visite au zoo aujourd'hui ». Si vous avez plus d'un enfant, invitez-les à participer chacun leur tour aux conversations en appelant chaque enfant par son prénom et en posant des questions spécifiques à chacun.

Consultez un spécialiste si nécessaire

Si sa timidité fait obstacle à son bonheur et l'empêche de participer à des activités de son âge, consultez un spécialiste.

À NE PAS FAIRE

Ne l'humiliez pas et ne lui faites pas honte

Même si vous vous dites « Je suis tellement embarrassé par la timidité de mon enfant », lui faire honte ou lui faire des reproches en lui disant qu'il a gâché Thanksgiving ou l'humilier en lui disant : « Ne sois pas si stupide ! » ne l'aidera pas à se sentir mieux en société. Au contraire, vous ne feriez que le décourager et entamer sa confiance en lui.

Ne l'excusez pas

S'excuser de son comportement en déclarant qu'il est timide ou qu'il ne parle pas ne fera qu'augmenter sa peur des autres.

Ne le suppliez pas

Même si vous êtes cruellement tenté de supplier votre enfant de répondre à la dame, n'en faites rien. Vous ne feriez que donner à sa réticence un pouvoir considérable et l'encourager à refuser encore plus dans l'avenir.

Ne lui collez pas une étiquette

S'excuser auprès de sa famille et de ses amis en disant que votre enfant est timide crée une prophétie autoréalisatrice. Il aura le sentiment de devoir s'y conformer et sera découragé d'essayer de se comporter différemment à l'avenir.

LE TOUT NOUVEAU GABRIEL

Gabe Bartone était un bébé timide. En présence d'inconnus, il se détournait ou enfouissait sa tête dans l'épaule de sa mère.

Son père, Michael, avait lui aussi été un enfant timide. Leona, la grand-mère de Gabe, racontait que personne en dehors de la famille n'avait entendu la voix de Michael avant qu'il ne soit presque adolescent !

Maria, la mère de Gabe, avait espéré qu'il surmonterait sa timidité. Mais à cinq ans, Gabe le Timide, comme elle l'appelait, ne montrait aucun signe de sociabilité. Michael comprenait son fils et la souffrance qu'il éprouvait face aux inconnus. Il imagina donc un plan pour l'aider. Pour commencer, il engagea la conversation en posant toutes sortes de questions ouvertes comme « Qu'est-ce que tu as mangé ce midi ? » ou « À quels jeux as-tu joué à l'école aujourd'hui ? ». Quand Gabe répondait avec plus d'un ou deux mots, Michael disait : « Gabe, je suis heureux que tu m'aies raconté cela » ou « C'est très intéressant de me raconter tes jeux dans la cour de récréation ».

Michael et Gabe s'entraînèrent également à dire bonjour. Ils faisaient semblant de se rencontrer dans la rue. Gabe disait : « Bonjour, comment vas-tu ? » Michael répondait : « Très bien, merci. Et toi ? » Puis ils éclataient de rire.

Gabe finit par se sentir plus à l'aise avec des personnes qu'il ne connaissait pas bien, et la famille et les amis se mirent à le complimenter sur sa politesse. La mère et le père de Gabe étaient contents pour lui. Eux qui craignaient de le voir suivre les traces de son père sur la voie de la timidité étaient ravis de le voir sortir de sa coquille. Et ils se jurèrent mutuellement de ne plus jamais lui coller une étiquette.

La rivalité fraternelle

Définition du problème

Dénoncer ses frères et sœurs et détester un nouveau-né dès le premier jour où il envahit la famille ne sont que deux des nombreux exemples de rivalité fraternelle qui font des ravages dans les relations familiales. Les jeunes enfants, qui recherchent constamment à affirmer leur indépendance et leur importance, se disputent souvent l'espace, le temps et la position de numéro un avec leurs frères et sœurs dans le monde qui compte le plus pour eux : la famille.

Cette rivalité est inscrite dans la nature humaine, mais en montrant à chacun de vos enfants qu'il est spécial, vous pouvez diminuer la fréquence de cette rivalité. Pour réduire au maximum la rivalité entre vos enfants, dites-leur que vous appréciez quand ils s'entendent bien. Assurez-vous qu'ils comprennent bien que votre mission est de prendre soin de chacun d'eux et d'être là pour eux quand ils ont besoin de vous.

Prévention du problème

Préparez votre enfant à l'arrivée d'un nouveau bébé

Expliquez à votre aîné (s'il a plus d'un an) qu'il participera à la vie du bébé. Parlez-lui de vos nouvelles habitudes familiales et du rôle qu'il jouera. Il comprendra ainsi qu'il est partie prenante de l'amour et de l'attention portés à son petit frère.

Jouez avec votre aîné, que votre bébé soit endormi ou réveillé

Pour calmer la rivalité fraternelle associée à l'arrivée d'un nouveau-né, pensez à jouer avec votre aîné quand le bébé est réveillé, et pas seulement quand il dort. Votre aîné ne pourra pas se dire que vous ne faites attention à lui que quand le bébé est absent. Passer du temps avec votre aîné, peu importe ce que fait le petit dernier, lui permet de penser : « Maman fait attention à moi quand le bébé est là ou pas. Il n'est pas si mauvais après tout ! »

Fixez des objectifs de bonne entente réalistes

N'attendez pas que votre enfant apporte autant de tendresse au bébé que vous. Il est certes plus grand, mais il a encore besoin de beaucoup d'attention.

Passez du temps seul avec chacun de vos enfants

Vous pourrez ainsi vous concentrer sur les besoins de chacun et vous tenir au courant des sentiments et des problèmes qui peuvent ne pas émerger au milieu du brouhaha de la maison. Créez des panneaux d'affichage individuels de leurs œuvres (pour les jumeaux ou les enfants très rapprochés). Afficher leurs créations leur confirme que leurs efforts méritent une attention particulière.

Résolution du problème

À FAIRE

Laissez un chronomètre gérer le tour des enfants

Quand vos enfants se disputent votre attention exclusive, laissez le chronomètre de votre smartphone dire à chacun quand son tour est venu. Vos enfants apprendront le partage et sauront que leur tour viendra où ils seront votre objet d'attention numéro un.

Proposez des alternatives au conflit

Laisser le conflit s'envenimer et échapper à tout contrôle n'apprend pas aux enfants à bien s'entendre. Au lieu de laisser les batailles éclater, donnez-leur le choix : soit ils s'entendent et s'amusent, soit ils ne s'entendent pas et se privent de s'amuser. Dites : « Soit vous vous entendez et vous continuez de jouer, soit vous ne vous entendez pas et vous êtes envoyés séparément en temps calme pour réfléchir aux moyens de bien vous entendre. » Donnez-leur l'habitude de faire des choix. Ils auront ainsi le sentiment de contrôler leur vie et apprendront à prendre les bonnes décisions par eux-mêmes.

Définissez ce que signifie « bien s'entendre »

Soyez précis quand vous félicitez vos enfants qui jouent gentiment ensemble. Ils doivent bien comprendre ce que vous voulez dire quand vous dites qu'ils s'entendent bien. Dites : « C'est formidable, de partager et de jouer ensemble si gentiment comme vous le faites. J'aime vraiment que vous vous entendiez si bien. Jouer ensemble devient un vrai plaisir. »

À NE PAS FAIRE

Ne réagissez pas aux dénonciations

Les enfants se dénoncent les uns les autres pour être bien vus de leurs parents. Coupez court à cette surenchère en disant : « Je suis désolé que vous ne vous entendiez pas bien » et en faisant comme si vous n'aviez pas entendu la délation. Si votre enfant vous rapporte une activité dangereuse, intervenez, mais ignorez la dénonciation.

Ne demandez pas à un enfant de dénoncer l'autre

Demander à votre aîné de venir vous dire si sa petite sœur fait quelque chose de mal n'est pas un bon moyen d'apprendre à vos enfants à bien s'entendre sans se dénoncer. De toute façon, vous (ou l'un des membres de votre équipe éducative) devez rester à proximité pour les surveiller quand ils jouent.

Ne vous mettez pas en colère quand vos enfants ne s'aiment pas tout le temps

Les enfants ne peuvent pas vivre sous le même toit sans une certaine rivalité. C'est dans la nature humaine. Limitez au maximum les désaccords en récompensant la bonne entente et en ne laissant pas cette rivalité dégénérer en conflit.

Ne soyez pas rancunier

Une fois la dispute réglée, ne rappelez pas à vos enfants qu'ils étaient ennemis. Remettez les compteurs à zéro et aidez-les à faire de même.

LA GUERRE DES STARR

La guerre permanente qui opposait Jason Starr, cinq ans, à sa sœur Julie, trois ans, conduisait leurs parents à se demander pourquoi ils avaient fait des enfants ! Se sentant dépassés par le bruit, la nécessité de prendre des décisions et le besoin constant de soutenir leurs enfants, les Starr se plaignaient l'un à l'autre en plaisantant que les enfants ne semblaient pas conscients des sacrifices qu'ils avaient faits pour leur acheter de beaux vêtements, des jouets neufs et une bonne alimentation.

Jason semblait ne savoir faire qu'une chose : taquiner et pincer sa petite sœur, surtout quand il pensait qu'elle accaparait le temps et l'attention de ses parents. Les menaces de punition n'y faisaient rien et les cris ne gênaient en rien Jason quand il se mettait à tyranniser sa sœur.

La seule fois où Grace Starr vit son fils être gentil avec sa sœur, c'est le jour où il l'aida à franchir une plaque de verglas dans la rue. Grace était tellement reconnaissante de ce petit geste qu'elle lui déclara : « C'est génial, tu as aidé ta sœur à ne pas se faire mal. Je suis vraiment fière de toi. » Les Starr décidèrent d'encourager davantage les actes de gentillesse en abreuvant leurs enfants de compliments quand ils s'entendaient bien et en instaurant une nouvelle règle en cas de dispute. Ils eurent l'occasion de mettre à exécution leur nouvelle politique le jour même quand un conflit éclata à leur retour de la bibliothèque. Grace ne savait pas du tout qui avait commencé, mais elle dit à ses enfants : « Vous avez le choix, maintenant, les enfants. Comme je ne sais pas lequel de vous deux a pris le livre à l'autre, soit vous vous entendez comme vous le faisiez aujourd'hui dans la voiture, soit vous serez envoyés séparément en temps calme. »

Les enfants ignorèrent l'ultimatum de Grace et continuèrent de se disputer le livre. Elle mit sa promesse à exécution en disant : « Vous avez tous les deux choisi de passer un moment en temps calme. » Julie et Jason passèrent la majeure partie de leur temps calme à hurler. Mais après s'être calmés et avoir été autorisés à se lever de leur chaise, ils changèrent d'attitude tout le restant de la journée. Ils se mirent à agir comme des camarades plutôt que comme des ennemis, et Grace fut ravie de ne pas s'être emportée quand ses enfants s'étaient énervés. Les Starr continuèrent de les féliciter quand ils s'entendaient bien. Ils insistaient moins sur les conflits et envoyaient systématiquement les enfants en temps calme pour les séparer et bien leur rappeler les conséquences de leurs mauvais choix.

Le vol

Définition du problème

Le monde entier appartient à un jeune enfant jusqu'à ce que quelqu'un lui dise le contraire. Il n'est donc jamais trop tôt pour lui apprendre à ne pas prendre les affaires des autres sans leur approbation. Chaque fois que votre enfant prend ce qui ne lui appartient pas, appliquez les sanctions qui vont l'aider à acquérir le sentiment de ce qui est bien et mal.

Prévention du problème

Instaurez des règles

Pour encourager votre enfant à vous dire quand il veut quelque chose, apprenez-lui à demander. Décidez de ce qu'il peut ou non prendre dans les lieux publics et chez les autres et informez-le de vos attentes avant de sortir de chez vous. Voici un exemple de règle fondamentale: «Tu dois toujours me demander si tu peux prendre quelque chose avant de te servir.»

Résolution du problème

À FAIRE

Expliquez comment obtenir sans voler

Votre enfant ne comprend pas pourquoi il ne peut pas se servir de ce qu'il veut quand il veut. Apprenez-lui à bien se comporter. Dites, par exemple : « Avant de prendre un paquet chewing-gum dans un magasin, tu dois me demander. Si je dis oui, tu peux te servir et attendre que nous l'ayons payé. »

Définissez le vol

Votre enfant doit comprendre la différence entre emprunter et voler (et les conséquences de chacun). Il doit savoir ce que vous voulez dire quand vous déclarez : « Tu ne dois pas voler. » Voler, c'est prendre quelque chose sans en avoir la permission ; emprunter, c'est demander et obtenir la permission de prendre quelque chose, puis le rendre.

Obligez votre enfant à rendre les objets volés

Apprenez à votre enfant qu'il ne peut pas garder un objet qu'il a volé. Appliquez la règle : il doit le rendre (avec votre aide, si nécessaire).

Votre enfant doit racheter son vol

Pour l'aider à mesurer le coût du vol, demandez-lui de réparer son geste en accomplissant des petites tâches dans la maison ou en cédant l'un de ses biens précieux. Dites : « Je suis désolé que tu aies pris un objet qui ne t'appartient pas. Du coup, tu dois céder un objet qui t'appartient. » Cet objet peut lui être rendu au bout de quelques mois en récompense de sa bonne conduite.

Imposez un temps calme

Quand votre enfant prend un objet qui ne lui appartient pas, dites-lui qu'il doit être mis à l'écart pour avoir enfreint la règle. Dites : « Je suis désolé que tu aies pris quelque chose qui n'est pas à toi. Je t'emmène en temps calme. »

À NE PAS FAIRE

Ne lui rappelez pas ses erreurs

Ne lui rappelez pas l'incident. Remuer le passé ne fera que lui rappeler sa mauvaise conduite et ne lui apprendra pas à ne pas refaire la même erreur.

Ne collez pas une étiquette à votre enfant

Ne traitez pas votre enfant de menteur, sinon il finira par se conformer à l'étiquette que vous lui avez collée.

Ne lui demandez pas s'il a volé quelque chose

Demander ne fait qu'encourager le mensonge. Il se dira : « Je sais que maman va être en colère. Si je mens, j'éviterai qu'elle soit mécontente. »

N'hésitez pas à le fouiller

Si vous le soupçonnez d'avoir volé quelque chose, vérifiez en le fouillant. Si vous découvrez que vous aviez raison, appliquez les sanctions. Dites, par exemple : « Je suis désolé que tu aies pris ce qui ne t'appartient pas. Maintenant, tu dois te racheter en cédant quelque chose qui t'appartient et en rendant ce que tu as volé. »

LE PETIT VOLEUR

Sandy et Doug Berk n'avaient jamais enfreint la loi ni fait un séjour en prison, et ils voulaient que Logan, leur fils de quatre ans, fasse de même. Mais s'il continuait de voler les chewing-gums, les bonbons et autres jouets qui lui faisaient envie quand il faisait les courses avec ses parents, ils craignaient que son avenir passe par la case prison.

« Tu sais que c'est mal de voler ? » hurlait Sandy à son fils quand elle le prenait la main dans le sac. Elle essaya également de lui donner une tape sur la main et de lui dire que c'était un mauvais garçon, mais sans succès. Elle commença à appréhender d'aller faire les courses avec lui, redoutant à la fois son embarras et ses sentiments quand elle le punissait.

Logan se moquait totalement que le vol soit interdit. Il ne comprenait pas pourquoi il ne pouvait pas prendre ce qui ne lui appartenait pas. Les Berk décidèrent d'expliquer les règles en des termes compréhensibles. « Logan, tu ne peux pas prendre des choses que tu n'as pas payées, commença Doug. Tu dois me demander avant de prendre des chewing-gums. Si je dis oui, tu peux prendre un paquet et attendre que nous ayons payé. Entraînons-nous. »

Logan était ravi d'obéir. Maintenant, quand il respectait la règle et réclamait des chewing-gums, ses parents le félicitaient d'avoir respecté les règles et achetaient des chewing-gums. Toutefois, les Berk n'accédaient pas toujours à ses requêtes, et quand il essayait de partir en prenant une barre chocolatée sans demander à sa mère de la payer, Sandy appliquait sa deuxième règle en l'obligeant à céder l'un de ses jouets et à cesser de jouer avec sa barre chocolatée – son jouet préféré.

« Comme tu as pris cette barre chocolatée, dit-elle à son fils en retournant au magasin, tu vas devoir me donner ta fausse barre chocolatée quand tu rentreras à la maison et rendre cette vraie barre chocolatée au magasin. » Malgré les protestations de Logan, Sandy lui confisqua son jouet préféré.

« Pour récupérer ton jouet, expliqua-t-elle, tu vas devoir suivre les règles : demander d'abord et ne pas prendre ce qui n'est pas payé. » Après plusieurs semaines à féliciter Logan chaque fois qu'il respectait les règles, Sandy lui rendit sa fausse barre chocolatée, et les deux parents commencèrent à reprendre confiance dans l'avenir de leur fils.

La sécurité face aux inconnus

Définition du problème

« Ne parle pas aux inconnus ! » Tel est l'avertissement que des millions de parents répètent souvent à leurs jeunes enfants. L'avertissement est juste, mais le sujet mérite plus qu'une simple phrase. Tous les membres de votre équipe éducative doivent renforcer ce message dès que votre enfant devient mobile. Les enfants doivent apprendre à se comporter avec les inconnus en votre présence, au même titre qu'ils doivent apprendre à se comporter avec la famille, les amis et les connaissances. Ils doivent aussi apprendre quoi faire quand les inconnus s'approchent d'eux en votre absence.

Quand vous êtes avec votre enfant, combattez sa peur des inconnus en lui apprenant à être amical avec les personnes qu'il ne connaît pas. En même temps, apprenez-lui quoi faire quand un inconnu s'approche de lui en votre absence. Vous vous sentirez tous deux plus en sécurité si vous savez qu'il sait quoi faire quand vous êtes là et quand vous n'êtes pas là.

Quand vous êtes au parc ou au terrain de jeu, souvenez-vous : gardez un œil sur votre enfant, pas sur votre téléphone ou sur n'importe quel écran ! Les enfants de moins de huit ans ne doivent pas passer la majeure partie de leur temps hors de la surveillance d'un adulte. Ils doivent apprendre à échanger, ou non, avec des inconnus.

Prévention du problème

Instaurez des règles

Enseignez à votre enfant vos règles sur les échanges avec les inconnus. Voici un exemple de règle fondamentale : « Quand je suis avec toi, tu peux être gentil et parler aux gens que tu ne connais pas – ces gens sont des inconnus. Mais si un inconnu te demande de le suivre et essaie de te donner quoi que ce soit, crie le plus fort possible "NON ! ALLEZ-VOUS-EN !". Puis cours jusqu'à la maison la plus proche, sonne à la porte et raconte ce qui s'est passé. »

Entraînez-vous à respecter les règles

Faites semblant d'être un inconnu et demandez à votre enfant de suivre les règles concernant les inconnus. Répétez plusieurs scénarios différents en vous assurant qu'il sait comment vous voulez qu'il réagisse.

Ne faites pas peur à vos enfants

Instiller la peur des inconnus ne fait que semer la confusion et ne lui apprend pas ce qu'il faut faire. Il doit savoir comment réagir vite et bien quand des inconnus envahissent son intimité. Être inquiet l'empêche d'adopter un comportement rationnel.

Enseignez-lui ce qu'est un inconnu

Inconnu est un mot inconnu pour les jeunes enfants. Définissez un inconnu comme une personne que votre enfant n'a pas encore rencontrée. Un inconnu peut sembler très gentil, mais si votre enfant ne le connaît pas, la règle qui s'applique est : « Ne parle pas, cours ! »

Résolution du problème

À FAIRE

Rappelez-lui la règle en le félicitant quand il se comporte bien

Si votre enfant dit bonjour à un inconnu en votre présence, montrez votre approbation en disant : « Je suis si content que tu sois amical. Maintenant, rappelle-moi la règle concernant le comportement avec des inconnus en mon absence. » Puis félicitez-le s'il s'en souvient.

Encouragez-le à être aimable

Les enfants aimables ont tendance à se faire plus facilement accepter dans la vie. Il est donc important d'inculquer la gentillesse à son enfant. Il est également important de lui apprendre à tout âge à veiller sur sa sécurité. Par exemple, lui suggérer de dire bonjour aux inconnus en votre présence l'encourage à être aimable. Mais lui interdire de dire quoi que ce soit aux inconnus en votre absence lui permet d'être en sécurité.

Instaurez des limites

Il est impossible pour les enfants de faire rapidement la distinction entre les inconnus potentiellement dangereux et les inconnus inoffensifs. Vous devez donc établir une règle de comportement avec les inconnus en votre absence. Expliquez-lui qu'il peut être aimable avec les inconnus, que ce soit en votre présence ou en votre absence, mais qu'il ne doit jamais accepter les bonbons, les cadeaux ou les balades en voiture ou les aider à chercher des animaux domestiques égarés (voir aussi « Protégez votre enfant contre les violences », page 42).

À NE PAS FAIRE

N'instillez pas la peur de l'autre

Pour aider votre enfant à éviter le danger d'être agressé, inculquez-lui vos règles de conduite avec les inconnus. Mais ne lui enseignez pas à avoir peur de l'autre. La peur ne fait qu'inhiber la bonne prise de décision, quel que soit son âge.

Ne craignez pas que sa gentillesse gêne les autres

Même si les inconnus ne lui retournent pas son bonjour, il est bien pour votre enfant d'apprendre à les saluer quand il le faut (c'est-à-dire en votre présence).

CADEN EN LIEU SÛR

« Comment apprendre à notre fils de cinq ans et demi à être aimable tout en restant en sécurité en notre absence ? » Tel était le défi que Leah et Ian Docking tentèrent de relever en essayant de résoudre le problème de leur fils Caden, un enfant très aimable. Ils lui expliquèrent ce qu'était un inconnu et lui exposèrent la règle : « En notre absence, ne parle pas aux inconnus. »

Caden respecta si scrupuleusement les règles qu'il finit par être terrifié par les inconnus. Il se mettait à hurler chaque fois que ses parents l'emmenaient faire les courses. Il expliquait à sa mère qu'il ne voulait pas voir des inconnus et qu'ils étaient tellement méchants et dangereux qu'il ne pouvait même pas leur dire bonjour. Les Docking s'en voulaient de voir leurs bonnes intentions se retourner ainsi contre eux. Ils finirent par comprendre que Caden ne comprenait pas la différence entre dire bonjour à des inconnus en leur présence – un comportement qu'ils voulaient encourager – et dire bonjour aux inconnus en leur absence, suivre des inconnus ou accepter des cadeaux des inconnus – un comportement qu'ils voulaient empêcher. Si Caden ne comprenait pas, c'est parce que les Docking ne lui avaient pas permis de comprendre.

Leah dit à son fils : « Voici la nouvelle règle : quand je suis avec toi, tu peux parler à qui tu veux. Mais si je ne suis pas avec toi et que quelqu'un te propose un cadeau ou veut que tu ailles quelque part avec lui, tu l'ignores, tu te mets à crier le plus fort possible et tu t'enfuis le plus vite possible. Va dans la maison la plus proche ou va voir l'adulte le plus proche dans un magasin et raconte ce qui se passe. »

Les Docking répétèrent cette règle à la maison en faisant des jeux de rôle avec Caden. Ils faisaient semblant d'être dans un grand magasin. Sa mère était un inconnu et son père était l'adulte auquel Caden devait s'adresser quand l'inconnu venait vers lui et lui proposait un bonbon. Après avoir vécu la situation en toute sécurité à la maison, Caden comprit rapidement la règle. Leah la lui rappela chaque semaine jusqu'à ce que ce soit devenu une habitude. Pour renforcer le message, Leah s'efforça aussi de dire bonjour aux autres quand elle était avec Caden, qui le remarqua et félicita son attitude, tout comme elle le félicitait quand il suivait la règle.

L'inquiétude des Docking ne se dissipa jamais complètement. De temps en temps, ils demandaient à Caden de s'entraîner pour se convaincre qu'il comprenait et se souvenait du comportement nécessaire à sa sécurité.

L'insolence

Définition du problème

Quand votre jeune enfant jusqu'ici angélique prononce ses premiers propos insolents (que ce soient des sarcasmes, des paroles impertinentes ou des remarques désobligeantes), vous prenez cruellement conscience de sa capacité à répéter certains mots (bons et mauvais) pour faire réagir son entourage. Comme toute forme de langage, l'insolence ne s'apprend que par mimétisme. Limitez les occasions d'entendre certains propos en limitant son accès aux médias électroniques qui les utilisent.

Prévention du problème

Parlez à votre enfant comme vous aimeriez qu'il vous parle

Apprenez-lui à utiliser le langage que vous voulez entendre. Dites : « Merci », « S'il te plaît », « Pardon » et autres mots de politesse. Entraînez-le à reprendre les mots que vous donnez en exemple. Souvenez-vous que les jeunes enfants sont les plus grands imitateurs du monde.

Décidez où se situe l'insolence

Pour bien réagir au langage de plus en plus diversifié de votre enfant, vous devez déterminer s'il est insolent ou non. Par exemple, les sarcasmes, les injures, les cris et les refus provocateurs relèvent de l'insolence. En revanche, les refus comme « Je ne veux pas » sont de simples affirmations. Et les questions comme : « Je suis obligé ? » sont l'expression d'une opinion. Assurez-vous qu'il comprend ce que vous entendez par insolence.

Surveillez les amis, les médias et votre propre langage

Évitez d'exposer votre enfant à l'insolence en surveillant votre propre langage. Gardez aussi un œil sur les amis, les membres de votre famille et la télévision. Ce qui entre par l'oreille de vos jeunes enfants ressort par leur bouche.

Résolution du problème

À FAIRE

Videz le mot de son sens

Abuser d'un mot réduit son pouvoir. Aidez votre enfant à s'en lasser en le lui faisant répéter pendant une minute par année d'âge. Dites : « Je suis désolé que tu aies employé ce mot. Je vais régler le chronomètre et tu le répéteras jusqu'à la sonnerie. Quand tu l'entendras sonner, tu pourras arrêter. » Une fois lassé de ce mot, il aura moins de chance de l'utiliser dans le feu de l'action.

Ignorez son insolence

Essayez d'accorder le moins d'attention possible à l'insolence innocente. Faire comme si l'incident n'avait pas eu lieu vous redonne le pouvoir sur l'insolent. S'il ne peut pas anticiper votre réaction, le jeu sera moins amusant.

Complimentez-le quand il parle bien

Dites-lui quel langage vous plaît en le félicitant de bien parler. Dites : « J'aime que tu me répondes gentiment quand je te pose une question, comme nous nous y sommes entraînés. Ça me fait plaisir. »

Faites preuve de politesse et de respect envers tout le monde

Soyez poli et respectueux envers votre enfant, comme s'il était un invité chez vous. Votre politesse lui montrera comment être poli et votre respect lui dira que vous êtes un adulte attentionné.

À NE PAS FAIRE

Ne vous livrez pas à un jeu de pouvoir

Puisque vous savez que l'insolence est un moyen pour votre enfant d'exercer un pouvoir sur vous, ne soyez pas vous-même insolent. Il pourrait trouver très amusant de vous faire tourner en bourrique ou d'attirer votre attention en faisant preuve d'insolence – attitude que vous ne voulez certainement pas encourager.

Ne lui enseignez pas l'insolence

Hurler des réponses sarcastiques ou rageuses à votre enfant, ou à n'importe qui d'autre, ne fait que lui montrer comment être insolent. Il est certes difficile de ne pas crier quand on vous crie dessus, mais apprenez-lui à montrer du respect en lui montrant vous-même du respect.

Ne punissez pas l'insolence

L'insolence est, au pire, énervante. Rien ne prouve que nous apprenons aux enfants le respect en les punissant pour leur manque de respect. La punition n'enseigne que la peur.

OLIVER ET L'INSOLENCE

Chaque fois qu'Ava Martinez demandait à Oliver, son fils de quatre ans, de faire quelque chose, Oliver hurlait : « Non ! Je ne t'aime pas ! Je ne veux pas le faire ! » Oliver avait tellement d'expérience de l'insolence et des insultes qu'à chaque question qui lui était posée, il hurlait sa réponse rageusement, comme s'il ne savait pas répondre poliment.

« Aucun de mes enfants ne me parle ainsi ! » répondait en hurlant Dominic, son père.

Hélas, l'attitude de Dom ne faisait que provoquer davantage de cris dans la famille. Une fois que ses parents comprirent que leur fils ne faisait que reproduire leur comportement, ils firent tout pour réagir avec calme à son insolence et le féliciter pour ses bonnes réactions. Un jour, ils lui demandèrent de ranger ses jouets dans le coffre. Quand il dit calmement « D'accord », ils

lui dirent : « C'est vraiment formidable, ta manière de répondre si gentiment que tu es d'accord. »
Les Martinez n'eurent aucun mal à maîtriser leur colère. À mesure que les cris et les impertinences d'Oliver s'espaçaient, ils faisaient généralement semblant de ne pas les entendre.
À force de lui montrer l'exemple de la politesse et du respect et de le féliciter, ils mirent fin à ses accès d'insolence et contribuèrent à créer une atmosphère beaucoup plus agréable et coopérative au sein de leur foyer.

Les accès de colère

Définition du problème

Des millions de jeunes enfants normaux et adorables ont des accès de colère pour exprimer leur contrariété ou leur mécontentement ou pour dire au monde que ce sont eux qui commandent. Ces colères peuvent s'espacer et même disparaître si vous n'y accordez aucune attention et si vous ne cédez pas aux exigences.

Si vous êtes tenté de céder ou de disparaître sous le comptoir le plus proche quand votre enfant fait une colère en public, soyez patient. Attendez qu'il ait terminé et félicitez-le d'avoir retrouvé son sang-froid. Être là pour lui quand il a besoin de soutien après une colère lui montre qu'il a un adulte attentionné à ses côtés, quoi qu'il arrive.

Remarque : les pleurs fréquents et périodiques ne sont pas des accès de colère et doivent être traités différemment. Si votre enfant a plus de deux ou trois accès de colère par jour, consultez un spécialiste.

Prévention du problème

Apprenez à votre enfant à gérer la contrariété et la colère

Montrez-lui comment les adultes comme vous font face autrement que par des hurlements. Si vous faites tomber votre smartphone et que le verre est brisé, au lieu de crier et de vous mettre en colère, dites : « Je suis en colère, mon chéri, mais je gère. Je vais essayer de faire plus attention à mes affaires. » Quelle que soit la situation, apprenez à votre enfant à considérer les choix autres que la violence à sa disposition pour résoudre ses problèmes. En parallèle, montrez l'exemple en prenant soin de vos affaires.

Félicitez sa capacité d'adaptation

Quand votre enfant se comporte bien, par exemple s'il vous demande de l'aider à assembler un puzzle complexe au lieu de s'énerver, félicitez-le. Dites : « Je suis si content que tu m'aies demandé mon aide plutôt que de t'énerver sur le puzzle. » Aider son enfant à gérer calmement sa colère et sa contrariété lui permet d'avoir confiance en sa capacité à faire face aux problèmes. S'il sait que cette technique de résolution des problèmes lui vaudra des félicitations, il la reproduira. Dites : « Je suis vraiment fier que tu sois capable de résoudre ce problème avec calme. »

Faites preuve d'empathie

Après une colère, prenez votre enfant dans vos bras et dites-lui que vous comprenez sa contrariété. Dites : « Je sais ce que tu ressens quand la situation est difficile. Je suis là pour t'aider à résoudre ton problème quand tu as besoin de moi. »

Le temps de jeu ne doit pas toujours signifier un temps de solitude

Soyez présent et attentif à votre enfant quand il joue gentiment avec ses jouets. Ainsi, il n'aura pas besoin de mal se comporter ou de faire des colères pour attirer votre attention.

N'attendez pas une invitation

Si vous voyez votre enfant en difficulté, n'attendez pas trop. Quand la situation devient délicate ou pesante pour lui, dites : « Faisons ainsi. » Montrez-lui quoi faire, puis laissez-le faire. Il comprendra ainsi que c'est bien de se faire aider quand il en a besoin.

Résolution du problème

À FAIRE

Ignorez ses accès de colère

Ne faites rien pour, avec ou à votre enfant pendant sa crise. Apprenez-lui qu'une colère n'est pas un moyen d'attirer votre attention ou de voir ses exigences satisfaites. Mais comment ignorer une tornade qui balaie votre salon ? Éloignez-vous de lui, tournez-lui le dos, conduisez-le dans sa chambre ou isolez-vous. S'il a un comportement destructeur ou dangereux pour lui ou les autres personnes présentes, mettez-le dans un espace confiné où il est en sécurité (mais pas dans un placard sans lumière). Détournez même le regard de lui pendant ce moment d'isolement. Si c'est difficile, essayez de vous occuper en allant dans une autre pièce ou en faisant autre chose.

Essayez de rester ferme

Malgré le pouvoir des cris et des martèlements de votre enfant, gardez votre sang-froid en vous accrochant à votre règle. Dites-vous qu'il est important qu'il apprenne qu'il ne peut pas avoir tout ce qu'il veut quand il le veut. Il apprend à être réaliste, et vous apprenez à être cohérent et à fixer les limites d'un comportement acceptable et inacceptable.

Restez aussi calme que possible

Dites-vous : « Ce n'est pas grave. Si je peux garder mon sang-froid, j'apprendrai à mon enfant à le garder. Il essaie juste de faire pression sur moi pour obtenir ce qu'il veut. » Rester calme et ignorer sa colère est le meilleur exemple à lui donner quand il est énervé.

Félicitez-le

Une fois la colère retombée, félicitez-le immédiatement d'avoir retrouvé son sang-froid. Puis faites tous les deux un jeu ou une activité qu'il aime et qui n'est frustrant ni pour lui ni pour vous. Dites : « Je suis content que tu te sentes mieux. Je t'aime, mais je n'aime pas crier. » Si c'est votre seule et unique référence à sa colère, il comprendra mieux que c'est elle que vous ignoriez, pas lui.

Expliquez les changements de règle

Si vous et votre enfant êtes dans un magasin et qu'il vous demande d'acheter un jouet qui était interdit jusqu'ici, vous pouvez changer d'avis, mais vous devez aussi changer de message. Dites : « Tu te souviens la dernière fois que nous étions ici. Tu t'étais mis en colère. Comme tu te conduis bien aujourd'hui en restant près de moi, j'ai décidé que tu pouvais avoir ce jouet. » Il comprendra ainsi que ce n'est pas la colère qui vous a fait changer d'avis. Si vous achetez le jouet aujourd'hui, c'est pour une autre raison. Dites-lui pourquoi vous avez changé d'avis, surtout si c'est l'occasion de le féliciter pour son bon comportement.

À NE PAS FAIRE

Ne discutez pas et n'essayez pas de vous expliquer en pleine crise

Si vous essayez de raisonner votre enfant pour qu'il cesse sa colère, c'est peine perdue. Il s'en moque. Il fait son numéro et c'est lui la vedette. À ce stade, toute discussion ne fera qu'envenimer sa colère, car elle lui donnera l'attention qu'il attend.

Ne cédez pas à la crise

Quand votre enfant pique une crise, si vous finissez par céder et lui donner ce qu'il veut, juste pour le calmer, vous lui apprenez à piquer une colère pour obtenir ce qu'il veut. Quand vous dites non, pensez-le ! Céder ne fait que lui dire que vous ne tenez pas parole.

Ne piquez pas une crise à votre tour

Dites-vous : « Pourquoi devrais-je péter les plombs ? Je sais que quand j'ai dit non, c'était pour une bonne raison. » Perdre son calme ne fait que l'encourager à maintenir la pression et lui montrer qu'il n'a pas besoin d'apprendre à garder son sang-froid.

Ne le rabaissez pas ou ne lui faites pas honte

Ce n'est pas parce que votre enfant se met en colère qu'il est quelqu'un de mauvais. Ne dites pas : « Tu es un mauvais garçon ! Tu es un vrai bébé ! Tu n'as pas honte de toi ? » Il perdra le respect de lui-même et aura le sentiment de ne pas mériter ce qu'il voulait. Dénigrer n'est rien d'autre qu'une forme de violence.

Ne lui rappelez pas ses erreurs passées

Ne rappelez pas à votre enfant la colère qu'il a faite plus tôt dans la journée. Vous ne feriez qu'accorder plus d'attention à son comportement et augmenter ses chances de recommencer dans le seul but d'être au centre de vos conversations.

Ne lui faites pas payer sa colère

Continuer d'ignorer votre enfant une fois la crise terminée ne fera que provoquer d'autres crises pour attirer votre attention. Ne lui envoyez pas le message qu'il n'est pas aimé et désiré parce que son comportement ne l'est pas.

L'HEURE DE LA COLÈRE

Gavin et Kaitlyn MacLean étaient inquiets pour leur fille de deux ans, Madison, qui faisait des crises de colère aiguës chaque fois qu'ils refusaient de lui donner un gâteau avant le repas. Quand ses parents lui disaient non, elle hurlait : « Si ! » Elle tirait sur la jambe de pantalon de son père, sautait dans toute la cuisine, puis se jetait par terre, donnait des coups de pied et criait jusqu'à ce que, désemparés, épuisés, ils finissent par céder.

Exaspérés, les MacLean se demandaient ce qu'ils faisaient de mal. Avaient-ils tort de dire non à Madison ? Ils finirent par observer que ses colères étaient plus fréquentes quand ils lui

disaient non et que céder à son envie incontrôlable de gâteau avant le repas ne faisait que l'encourager à mal se conduire.
Le jour où Madison fit une nouvelle colère, leur stratégie était prête. Au lieu de dire non, Kaitlyn déclara d'un ton neutre : « Madison, je sais que tu veux un gâteau. Tu en auras un quand tu seras calme et que tu auras terminé ton repas. »
Sa colère ne tarit pas. Ses parents s'éloignèrent d'elle, la laissant sans public pour assister à son numéro. Il leur fut difficile de rester éloignés de leur fille qui hurlait, mais ils attendirent qu'elle soit calme pour revenir dans la cuisine.
Privée d'attention physique ou verbale, Madison avait fini par arrêter de crier et attendait de voir si ses parents tiendraient parole.
Son père réapparut, le sourire aux lèvres, et déclara : « Madison, je sais que tu veux un gâteau maintenant. Quand tu auras fini de dîner et que tu seras prête pour le dessert, tu pourras en avoir un. Je suis content que tu ne cries plus. C'est agréable de voir que tu te maîtrises. » Pour le plus grand plaisir de ses parents, Madison mangea calmement. Et comme promis, elle eut un gâteau une fois son repas terminé.
Ce soir-là, les MacLean se félicitèrent pour le sang-froid dont ils avaient fait preuve en ne cédant pas à la colère de Madison. Il leur arriva encore d'être tentés de céder. Mais chaque fois, ils s'éloignaient d'elle et la félicitaient chaque fois qu'elle réagissait calmement face à un refus. La fréquence de ses colères diminua. Elle pleurait bien de temps en temps quand elle était déçue, mais c'en était fini des explosions si fréquentes par le passé.

L'exploration des limites

Définition du problème

À l'affût de nouvelles découvertes et désireux de parcourir le monde, les jeunes enfants qui viennent tout juste de découvrir le quatre-pattes ou de commencer à marcher peuvent avoir besoin d'être mis en sécurité, car ils ne sont pas aussi autonomes, débrouillards et maîtres d'eux-mêmes qu'ils le pensent. À l'heure où votre petit grandit, ne le laissez aller que jusque-là où vous savez qu'il est en sécurité. Apprenez ses limites en testant sa maturité et sa responsabilité avant de faire l'erreur de lui accorder plus de liberté qu'il ne peut en gérer en toute sécurité. Accordez-lui une liberté proportionnelle à ses capacités et donnez-lui des occasions fréquentes de vous convaincre qu'il est suffisamment mûr pour gérer cette liberté. Et souvenez-vous que, en moyenne, les garçons testent leurs limites et exigent des libertés plus tôt que les filles.

Il est conseillé de laisser les jeunes enfants exercer leur curiosité et explorer leur monde – mais sous votre supervision et votre protection. Voir aussi « L'exploration des interdits », page 145 ; et Annexe II : « Le point sur la sécurité des enfants », page 335 pour faire de votre maison un endroit sûr avant que votre enfant ne commence à explorer les lieux !

Prévention du problème

Instaurez des limites et énoncez-les clairement

Votre enfant doit connaître ses limites avant de pouvoir espérer qu'il fasse ce que vous attendez de lui. Si vous décidez que la salle à manger lui est interdite, apprenez-lui comment y aller en toute sécurité – c'est-à-dire uniquement avec vous. Et assurez-vous que vous ou un autre adulte êtes là pour l'aider à s'entraîner à respecter la règle. Faire d'un espace de votre maison un territoire interdit ne fait que le rendre plus attrayant.

Sécurité enfant

Fermez toujours à clé les portes des placards renfermant des produits nettoyants et autres produits dangereux (voir Annexe II : « Le point sur la sécurité des enfants », page 335).

Dites-lui quand il peut franchir les limites

Réduisez le pouvoir d'attraction de certains interdits en montrant et en disant à votre jeune aventurier comment faire ce qu'il veut sans s'attirer d'ennuis. Dites, par exemple : « Tu dois me tenir la main en traversant la rue » ou « Maman va avec toi quand tu veux jouer dans le jardin ».

Interrogez-le sur les règles

Avant de laisser votre enfant jouer dehors, interrogez-le sur les règles que vous avez édictées pour jouer dehors. S'il ne s'en souvient pas, reformulez-les.

Résolution du problème

À FAIRE

Proposez des récompenses en cas de respect des limites

Encouragez votre enfant à respecter les limites en le récompensant s'il obéit. Dites : « Je suis content que tu sois resté sur la balançoire. Tu peux rester encore trois minutes. » Bien sûr, assurez-vous qu'un adulte responsable le surveille pour être sûr qu'il est en sécurité et pour instaurer une relation positive.

Soyez présent

Un petit enfant explore le monde avec une curiosité débridée. Il doit donc savoir ce qui est sûr et ce qui ne l'est pas – et vous ou un autre adulte devez être attentifs à ce qu'il fait. Par exemple, s'il fait le tour de la maison pour tester sa toute nouvelle mobilité, soyez près de lui pour le guider et l'empêcher de se mettre en danger. Il risque d'attraper les rideaux et de les décrocher, ou d'ouvrir/de fermer les volets en bois et de se coincer les doigts ! Il peut s'en passer des choses pendant que vous avez le dos tourné ! Laissez-le explorer, mais apprenez-lui ce qui est bien et ce qui ne l'est pas, en gardant un œil attentif sur ses allées et venues.

Fixez des sanctions en cas de non-respect des limites

Apprenez à votre enfant que ne pas respecter vos limites nuit à son plaisir. Dites : « Je suis désolé que tu aies fait tomber la barrière de la salle à manger. Maintenant, entraînons-nous à faire ce que tu dois faire en arrivant à la porte. » Entraînez-le à se lever, mais à ne pas pousser la barrière en disant : « J'aime bien quand tu observes tout ce qui se trouve dans la salle à manger par-dessus la barrière. Il y a tellement de jolies couleurs et de jolies formes que c'est amusant ! »

Soyez cohérent

Veillez à appliquer les règles chaque fois qu'il en enfreint une. Il apprendra ainsi que vous pensez ce que vous dites. Il se sentira aussi plus en sécurité quand il sera loin de vous, parce qu'il saura clairement ce que vous attendez de lui.

Félicitez-le souvent

Quand votre enfant explore ou joue dehors, prenez le temps de féliciter son respect des règles. Dites, par exemple : « C'est bien de rester dans la cour » ou « Tu fais vraiment bien attention quand tu escalades ».

À NE PAS FAIRE

Ne lui donnez pas une fessée s'il est allé sur la chaussée

Une fessée n'empêchera pas votre enfant de recommencer ; elle ne fera que l'encourager à se cacher de vous la prochaine fois qu'il fera ce qui lui a valu la punition. Un enfant qui se faufile dans la rue court un grand danger. N'aggravez pas les risques en le poussant à vouloir le faire en cachette.

N'exagérez pas quand votre enfant repousse les limites

Quand vous paniquez ou criez face au danger, votre enfant sent votre stress, ce qui augmente son propre stress, sans qu'il comprenne que votre stress est lié au danger que vous percevez. Restez calme et éloignez-le du danger tout en expliquant les raisons de votre inquiétude.

ASHLEY ÉPRISE DE LIBERTÉ

À six ans, Ashley Hamilton était la fillette la plus populaire de sa rue, mais aussi celle dont le comportement posait le plus de problèmes à sa famille. Un matin, au petit déjeuner, elle annonça à sa mère : « Aujourd'hui, je vais à l'école à pied avec Susie. Après déjeuner, j'irai chez Donna, et ensuite j'irai jouer à la poupée chez Maria. » Quand sa mère lui dit qu'elle ne pouvait pas aller où elle voulait quand elle voulait, Ashley s'écria : « Pourquoi ? Pourquoi pas ? J'y vais quand même ! Tu ne peux pas m'en empêcher ! »

Ces actes de rébellion provoquèrent des épisodes de crispation avec ses parents, qui n'arrivaient pas à décider quelles libertés accorder et quelles limites fixer pour protéger leur « bébé » des dangers qu'elle était trop jeune pour affronter. Comme Ashley était constamment invitée à droite et à gauche, les Hamilton étaient obligés de se demander où et quand elle pouvait sortir. Ils décidèrent donc d'établir des règles pouvant évoluer selon la manière dont elle gérerait sa liberté et ses responsabilités. Quand ses parents lui expliquèrent clairement ces règles, elle se montra plus qu'heureuse de découvrir comment acquérir plus de liberté. Et comme Ashley était en train d'apprendre à lire, ils décidèrent d'écrire les règles sur un grand tableau qu'elle aurait tous les jours sous les yeux.

Ashley devait notamment apprendre quelles règles suivre quand elle passait la nuit chez une amie. Ses parents connaissaient les parents de sa meilleure amie et les appelèrent pour en discuter. Quand ils surent qu'Ashley pourrait respecter les règles en vigueur chez son amie, ils l'autorisèrent à y aller. Mais avant, ils lui rappelèrent les règles de politesse de la maison. Ils voulaient ainsi apprivoiser le goût de liberté d'Ashley. Instaurer des conditions à sa liberté permit à chacun de se sentir en sécurité et satisfait du respect des limites et des attentes du moment.

Les accidents de propreté

Définition du problème

L'apprentissage de la propreté est la première grande partie de bras de fer qui oppose les parents et les jeunes enfants, quand les premiers demandent aux seconds, épris d'indépendance, de cesser de faire une chose qu'ils font naturellement pour se mettre à faire une chose qui est nouvelle et souvent désagréable.

Pour la plupart des enfants, l'acquisition de la propreté n'est qu'un moyen de faire plaisir à leurs parents. Pour limiter les risques d'accident, accordez plus d'attention à ce que votre enfant devrait faire (rester au sec, aller au pot) qu'à ce qu'il ne devrait pas faire (faire pipi dans son pantalon). Aidez-le à être fier de lui en diminuant la probabilité qu'il ait un accident juste pour attirer votre attention et voir votre réaction.

Remarque : si votre enfant a continuellement des accidents après l'âge de quatre ans, consultez un spécialiste. Dans ce chapitre, nous ne parlerons pas d'énurésie nocturne. Beaucoup d'enfants n'en sont tout simplement pas à un stade de leur développement où ils sont capables de rester propres toute une nuit. Ce n'est qu'après six ans que l'énurésie nocturne peut être considérée comme un problème qui requiert l'intervention d'un spécialiste.

Prévention du problème

Soyez à l'écoute des signes que votre enfant est prêt (généralement autour de deux ans).

Ces signes sont, entre autres, la prise de conscience par un enfant du fait qu'il urine ou défèque (ou qu'il est sur le point de le faire), un transit plus régulier et plus prévisible, la capacité à baisser son pantalon et à s'installer sur les toilettes ou le pot (et à en descendre), la capacité à comprendre le langage de l'apprentissage de la propreté et à suivre des instructions simples, un intérêt pour l'utilisation des toilettes et une aversion pour les couches sales.

Ne commencez pas trop tôt

Commencer tôt ne fait qu'apprendre aux enfants à dépendre davantage de leurs parents que de leur propre capacité à être propres. Les enfants forcés d'apprendre avant d'être prêts peuvent avoir besoin de plus de temps pour acquérir la propreté.

Montrez l'exemple

Familiarisez votre enfant avec le pot et son utilisation en lui montrant que vous allez aux toilettes (et ce qu'il peut faire quand il est prêt).

Faites qu'il soit aussi pratique que possible pour lui d'utiliser le pot quand il en a besoin

Gardez le pot dans la cuisine ou dans un autre endroit facile à nettoyer en cas d'accident pendant la phase d'apprentissage. Au début, emportez le pot avec vous pour aider votre enfant à s'en servir hors de la maison.

Choisissez une méthode et suivez-la

Livres, vidéos et sites Internet sont là pour vous aider dans l'apprentissage de la propreté. Trouvez une méthode avec laquelle vous êtes à l'aise et suivez-la scrupuleusement.

Dans tous les cas, la constance et la patience sont les clés du succès !

Résolution du problème

À FAIRE

Récompensez à la fois la propreté et la bonne utilisation des toilettes

Apprenez à votre enfant à rester propre en lui disant à quel point il est bien de rester propre. Vous l'aiderez ainsi à prendre conscience de ce que vous voulez qu'il fasse (rester propre !). Faites-lui porter des culottes et dites-lui environ toutes les quinze minutes « Regarde si ton pantalon est propre ? ». Quand la responsabilité de vérifier lui incombe, il a le sentiment de mieux contrôler le processus. S'il est propre, dites-lui que vous êtes content : « Qu'est-ce que c'est bien que tu restes propre. »

Rappelez-lui que la règle est de faire ses besoins dans le pot

Les jeunes enfants font parfois leurs besoins au mauvais endroit (dehors, par exemple). Si c'est le cas de votre enfant, rappelez-lui que la règle est : « Tu es censé faire tes besoins dans le pot. Entraînons-nous. » Puis entraînez-vous à faire les bons gestes.

Réagissez avec calme aux accidents

Si votre enfant est mouillé, dites : « Je suis désolé que tu sois mouillé. Tu dois t'entraîner à rester propre. » Puis entraînez-le dix fois à aller aux toilettes en partant de différents endroits de la maison, puis à baisser son pantalon, à s'asseoir sur les toilettes et à remonter son pantalon. Répétez chaque étape à partir d'un autre endroit de la maison. Dans la pratique, il n'est pas nécessaire que votre enfant urine ou défèque – juste qu'il fasse les bons gestes.

À l'extérieur, utilisez la loi de grand-maman

Si votre enfant ne veut aller que sur son pot, essayez la loi de grand-maman. Dites : « Il faut rester propre. Tu ne peux pas utiliser ton pot, car il n'est pas là. Si tu vas sur ce pot-ci, nous pourrons rester au zoo. » L'autre solution est d'emporter le pot de votre enfant avec vous.

À NE PAS FAIRE

Ne punissez pas les accidents de propreté

Les punitions ne font qu'accorder de l'attention à votre enfant quand il fait pipi dans son pantalon (ou ailleurs). Elles ne lui apprennent pas à rester propre.

Ne posez pas la mauvaise question

Dire « Vérifie ton pantalon » lui permet de prendre conscience de ce que vous attendez de lui et le responsabilise. C'est préférable à « Tu veux aller sur le pot ? », auquel il répondra généralement par la négative. Aidez-le à prendre l'initiative de vérifier s'il est propre ou non et à en assumer les conséquences.

Ne lui faites pas honte

N'essayez pas de l'inciter à rester propre en disant : « Tu n'as pas honte ! Avoir un accident à ton âge ! » Cela ne fera que le pousser à taire ses accidents et non lui apprendre à rester propre.

KAYLEE ET SES ACCIDENTS

Au début des vacances d'été, Kaylee Winter, presque quatre ans, n'oublia pas seulement toutes les lettres et les nombres qu'elle avait appris pendant l'année. Ses fréquents accidents de propreté indiquaient aussi qu'elle attendait trop longtemps avant d'aller aux toilettes. Elle avait découvert qu'elle pouvait soulager la pression de sa vessie en libérant une petite quantité d'urine dans son pantalon. Quand sa mère la réprimandait, elle répondait qu'elle était « juste un tout petit peu » mouillée. Claire comprit que sa fille était trop absorbée par ses activités pour prendre le temps d'aller aux toilettes, et que, pour elle, être un tout petit peu mouillée n'était pas un problème. Après avoir analysé la situation, Mike et Claire Winter décidèrent de reprendre la routine qu'ils avaient établie pour l'apprentissage de la propreté un an plus tôt. Ils recommencèrent à féliciter Kaylee quand son pantalon était propre au lieu de s'énerver quand il était mouillé. Le lendemain matin, après le petit déjeuner, Claire demanda : « Vérifie ton pantalon, Kaylee. Il est propre ? » Elle fut ravie d'entendre Kaylee lui répondre joyeusement oui avec un grand sourire.

« Merci de rester propre, ma chérie, ajouta Claire en lui faisant un câlin. Essaie de rester propre toute la journée ! »

Après avoir demandé régulièrement plusieurs jours de suite à Kaylee de vérifier son pantalon (et l'avoir toujours trouvé propre), Claire pensa que le problème était derrière elle – jusqu'à ce que le lendemain Kaylee soit à nouveau mouillée. « On dirait que tu as oublié comment aller aux toilettes. Entraînons-nous dix fois à aller au pot », dit-elle à sa fille, qui faisait grise mine, très déçue de devoir consacrer une partie de son précieux temps de jeu à s'entraîner. Quand son pantalon était mouillé, Kaylee se privait aussi des félicitations de sa mère. Elle comprit rapidement qu'il était plus facile d'aller au pot et d'être félicitée pour ses pantalons propres que de s'entraîner dix fois à aller au pot quand son pantalon était mouillé.

Kaylee fut enfin propre. De temps à autre, les Winter la félicitaient de rester propre, juste pour mémoire. Et au lieu de se mettre en colère et de s'énerver quand elle faisait pipi dans son pantalon, ils se souvenaient qu'il valait mieux l'aider à réaffirmer son amour des pantalons propres.

Le trop d'écrans

Définition du problème

Les jeunes enfants grandissent dans un monde saturé de médias numériques de plus en plus nombreux et variés, entre télévision, ordinateurs, tablettes, smartphones et jeux vidéo. Ces médias produisent des images haletantes et émotionnellement chargées susceptibles de provoquer des addictions.

Votre petit est peut-être calme et heureux pendant le temps passé devant les écrans, mais les études ont montré le danger de le laisser devenir accro aux écrans plutôt que de veiller à ce qu'ils ne soient que l'une de ses activités. En plus de passer du temps devant les écrans, votre enfant a besoin de jouer dehors pour développer un esprit sain dans un corps sain et prévenir l'obésité, de lectures pour pouvoir visualiser des images à partir des mots qu'il lit, et de loisirs créatifs avec des jouets non électroniques pour améliorer sa motricité et sa motricité fine.

Le cerveau d'un enfant se développe rapidement dans les premières années de sa vie et les jeunes enfants apprennent la sociabilité en échangeant avec les autres, pas avec les écrans. Ils n'ont pas besoin d'être stimulés par les écrans, mais de passer du temps avec un adulte attentionné. Les études ont aussi montré que l'utilisation excessive des médias peut provoquer des problèmes d'attention, des difficultés scolaires, des troubles du sommeil et de l'alimentation, de l'agressivité et de l'obésité. Sans oublier que les médias peuvent être la plate-forme d'activités illégales et dangereuses.

Prévention du problème

Limitez le temps d'écran

Les recherches en neuroscience montrent que les très jeunes enfants apprennent mieux pendant les « temps d'échange ». Les vidéos passives ne permettent pas un apprentissage du langage chez les bébés et les enfants. Selon l'American Academy of Pediatrics, le rôle éducatif optimal des médias ne commence pas avant l'âge de deux ans. Ils peuvent alors contribuer à combler les écarts d'apprentissage de langage. Toutefois, il est indispensable de passer du temps à jouer dehors, à lire, à avoir des loisirs et à utiliser son imagination pour jouer, ainsi que de développer son langage au travers des échanges avec d'autres enfants et d'autres adultes.

Instaurez des zones sans écran

Assurez-vous qu'il n'y a ni télévision, ni ordinateur, ni jeu vidéo dans la chambre des enfants ou la salle à manger, et que vous et vos enfants n'utilisez ni tablette ni téléphone au restaurant ou à table à la maison. C'est un bon moyen de lutter contre la tentation d'être en permanence en ligne ou sur l'écran, ce qui réduit automatiquement le risque que votre enfant devienne accro aux écrans.

N'utilisez pas les écrans quand vous échangez avec votre enfant

Quand vous jouez, quand vous le changez, quand vous le faites manger, quand vous lui donnez son bain ou tout simplement quand vous parlez avec lui, éteignez la télévision, éloignez votre téléphone et coupez votre tablette. Quand vous vous amusez ensemble, il n'a pas besoin de la distraction des gadgets électroniques (voir chapitre 2, page 29) !

Campez sur vos positions

Quand votre enfant voit que son écran favori est éteint, vous demande de l'allumer et se met en colère si vous refusez, cramponnez-vous à vos règles concernant le temps d'écran qui est bon pour votre enfant selon son âge et conservez les zones sans écran que vous avez établies. Céder dès qu'il exige du temps d'écran ne lui apprend pas à accepter la contrariété, à différer les récompenses et à comprendre l'importance du respect des règles.

Devenez le compagnon de votre enfant

Si vous êtes disponible pour passer du temps seul à seul avec votre enfant, il sera moins demandeur de gadgets électroniques. Les enfants aiment avoir l'attention exclusive d'un adulte attentionné !

Résolution du problème

À FAIRE

Cultivez sa créativité

Au lieu de laisser votre jeune enfant devenir une éponge passive, concentrez son attention sur un jeu de construction, l'invention de jeux, le dessin, les collages et autres activités créatives où son corps et son esprit sont actifs.

Détournez son attention

Quand votre enfant se met en colère parce que vous venez d'éteindre son écran préféré ou parce que vous ne voulez pas qu'il joue avec votre téléphone ou votre tablette, c'est la preuve que les écrans sont addictifs ! Dites : « Je suis désolé, mais tu ne peux plus rester sur l'écran. Lisons un livre ! »

Surveillez les choix médias de votre enfant

Il est absolument indispensable de regarder les écrans avec lui. Être présent et discuter de ce qu'il fait ou de ce qu'il voit l'aident à développer son langage et sa pensée critique. Faire des déclarations comme : « Je me demande pourquoi Clifford est heureux » l'aidera à comprendre les sentiments dont il est témoin et à entrevoir les liens de cause à effet. Par exemple, quand un jeune garçon est la cible de moqueries, il est important de rappeler que ces moqueries font mal.

Réaffirmez la règle

Quand votre enfant demande à avoir accès à un média électronique, réaffirmez la règle. Dites : « Tu te souviens de la règle : tu ne peux jouer avec le téléphone qu'après la sieste. »

Appliquez la loi de grand-maman

Quand votre enfant veut utiliser votre smartphone ou regarder la télévision, faites monter les prix en utilisant la loi de grand-maman. Dites : « Quand tu auras rangé tes cubes dans la caisse, tu pourras jouer cinq minutes sur la tablette. »

Utilisez un chronomètre

Comme le souligne l'American Academy of Pediatrics, l'utilisation des nouvelles technologies, comme toutes les autres activités, doit rester dans des limites raisonnables. Posez-vous la question suivante : l'usage de la technologie par mon enfant favorise-t-il ou entrave-t-il sa participation à d'autres activités ? Réglez le chronomètre de votre téléphone pour dire à votre enfant quand il est l'heure de cliquer sur le bouton éteindre et félicitez-le quand il se livre à d'autres activités. Dites : « Je suis content que tu aies éteint la télévision et que tu aies choisi de jouer à la maîtresse. Qu'est-ce que tu apprends à tes élèves ce matin ? » La qualité du contenu est plus importante que le support ou le temps passé sur les médias. Intéressez-vous à l'usage que votre enfant fait de son temps plutôt que de simplement régler le chronomètre.

Ignorez les accès de colère

Si votre enfant hurle parce qu'il ne peut pas regarder la télévision, tournez-lui le dos et attendez qu'il ait fini ou quittez la pièce. Il finira par comprendre que vous êtes sérieux.

À NE PAS FAIRE

N'utilisez pas les écrans pour occuper votre enfant

Au lieu d'utiliser un écran pour occuper votre enfant et pouvoir être seul dans la cuisine, familiarisez-le avec l'univers des rôtis, des soupes et autres pâtisseries en lui confiant des tâches adaptées à son âge comme laver les pommes de terre ou essorer la salade.

Ne cédez pas

Face aux récriminations d'un enfant en colère, il est tentant de céder et de le laisser faire ce qu'il veut. Hélas, céder lui donne le pouvoir et lui enseigne que la seule chose à faire pour avoir ce qu'il veut est de se mettre en colère. Dans son monde, vous êtes l'adulte attentionné. Il vous appartient donc de lui fixer des limites. C'est ce que vous faites quand vous l'empêchez d'aller jouer sur la route.

Maîtrisez vos propres émotions

Comment ne pas perdre son sang-froid devant la pression émotionnelle exercée par un enfant qui vous énonce la liste de ses exigences ? Soyez un modèle de retenue émotionnelle. Restez calme et dites-vous que cela, aussi, finira par passer.

Ne menacez pas

Dire à votre enfant que, s'il n'arrête pas de pleurer, vous allez vous mettre en colère ou vous ne le laisserez plus jamais regarder les écrans crée là encore du stress et de l'anxiété. Ces menaces nuisent à l'empathie, lui montrent que vous ne pensez pas ce que vous dites et ne lui apprennent pas à se contrôler.

Ne laissez pas les jeunes enfants utiliser des écouteurs

Dynamiter les jeunes oreilles de votre enfant avec les sons amplifiés des écouteurs peut provoquer une perte auditive définitive. Comme il est impossible de surveiller le volume des écouteurs, mieux vaut tout simplement ne pas autoriser votre enfant à en utiliser.

LA TÉLÉ EST REINE

De l'heure à laquelle elle se levait le matin à l'heure du coucher, Kaylee, quatre ans, voulait être sur les écrans. Quand sa mère, Cindy, la préparait pour partir chez la nounou, Kaylee disait : « Je veux regarder la télé ! » Dans la voiture, Kaylee réclamait le smartphone de sa mère et se mettait à pleurer et à donner des coups de pied dans le siège quand elle refusait. Le scénario se répétait en rentrant à la maison et se poursuivait toute la soirée. Cindy ne savait plus quoi faire.

Elle se dit que Kaylee passait trop de temps à regarder la télévision chez Natalie, la nounou, tout comme elle et son mari, Gabe, le soir. Elle appela la nounou et la questionna. Elle fut choquée d'apprendre que chez elle la télé était allumée toute la journée. Natalie appréciait qu'elle soit là pour distraire les enfants qu'elle gardait pendant qu'elle leur changeait la couche ou qu'elle les faisait manger.

Ce soir-là, Cindy et Gabe décidèrent de changer de nounou ou de trouver un autre mode de garde. Jusque-là, ils s'étaient dit qu'une garde à domicile offrirait un cadre plus familial et serait plus facile pour Kaylee. Mais en attendant de trouver mieux, ils devaient aussi modifier leurs habitudes.

Pour commencer, ils décidèrent d'instaurer des règles d'usage des médias électroniques. La télévision serait éteinte le matin et le soir jusqu'au coucher de leur fille. Les ordinateurs seraient éteints, et personne ne répondrait au téléphone. Ils prévirent également des activités familiales pour le soir.

Les premiers jours furent difficiles. Kaylee passait son temps à réclamer les écrans. « Je veux regarder la télé », disait-elle. Quand Cindy ou Gabe lui répondaient : « Je suis désolé, mais la règle est zéro télé aujourd'hui », elle enchaînait : « Je veux aller sur ton ordinateur. » Mais au bout de quelques jours, elle finit par tourner son attention vers des activités ludiques et sembla contente de jouer avec ses parents. Puis Cindy et Gabe réintroduisirent trente minutes de télé après le repas. L'un des deux regardait avec Kaylee et parlait de ce qui se passait dans l'émission, pendant que l'autre rangeait la cuisine. Kaylee eut une nouvelle nounou, chez qui la télé n'était pas toujours allumée. Ses parents étaient heureux que ce nouveau membre de leur équipe éducative respecte leurs règles.

Les fugues

Définition du problème

Les jeunes enfants curieux dressent mentalement des listes de ce qu'ils veulent voir et faire au centre commercial, au supermarché, au parc, etc. – tout comme leurs parents. Ils pensent que leurs listes ont la priorité, et le chaos se déchaîne quand elles ne coïncident pas avec celles de leurs parents. En situation de danger, la sécurité de votre enfant passe avant sa curiosité. Ses protestations ne doivent pas vous empêcher d'appliquer vos règles de comportement en public. Rester près de vous en public doit devenir pour lui une habitude jusqu'à ce que vous soyez suffisamment sûr qu'il va éviter les voitures, les piétons ou les chariots. Il doit savoir ce qui est dangereux et ce qui ne l'est pas – et c'est à vous de le lui apprendre.

Remarque : pour que votre enfant reste près de vous en public, vous devez avant tout l'empêcher de s'enfuir. Et s'il s'éloigne, la seule chose à faire est de le trouver et de l'empêcher de s'enfuir à nouveau.

Prévention du problème

Utilisez le siège enfant du chariot

Le siège enfant du chariot est là pour la sécurité des petits. Utilisez-le pour retenir votre petit vagabond. Certains sont également équipés de ceintures de sécurité qui les empêchent de se dresser et de descendre.

Instaurez des règles de comportement en public

Expliquez à votre petit ce que vous attendez de lui. Dites : « Quand nous sommes dans le magasin, tu dois rester dans le chariot ou dans ta poussette. »

Entraînez-vous

Si vous ne pouvez utiliser ni siège de chariot ni poussette, entraînez-vous très tôt à suivre les règles avant de quitter la maison. Dites : « Nous allons essayer de rester à proximité l'un de l'autre. Voyons combien de temps tu peux rester près de moi. » Après, dites : « C'est bien d'être resté près de moi. Merci de rester près de moi. »

Apprenez-lui à venir vers vous

Pour éviter de devoir courir après lui dans tout le magasin, apprenez-lui à venir vers vous quand vous le lui demandez. Pendant un temps neutre, prenez sa main et dites : « Viens ici, s'il te plaît. » Quand il vient, faites-lui un câlin et dites : « Merci d'être venu. » Entraînez-vous cinq fois par jour en augmentant progressivement la distance entre lui et vous avant de dire : « Viens ici, s'il te plaît. » Poursuivez jusqu'à ce qu'il puisse vous rejoindre de l'autre bout de la pièce ou du magasin.

Félicitez-le de rester à proximité

Faites que votre enfant ait intérêt à rester près de vous en le félicitant chaque fois qu'il le fait. Dites : « C'est bien de rester près de moi » ou « C'est tellement plus facile de faire les courses quand tu restes près de moi ».

Faites-le participer aux courses

Si votre enfant refuse la poussette ou le chariot, demandez-lui de porter un article ou de pousser le chariot s'il en est capable. Il aura le sentiment de jouer un rôle important et sera moins tenté de vagabonder.

Changez vos règles à mesure que votre enfant change

Quand votre enfant grandit et devient capable de s'éloigner brièvement et de revenir tout de suite près de vous dans un lieu public comme un centre commercial, vous pouvez faire évoluer votre règle et l'y autoriser. Dites-lui pourquoi vous lui accordez plus de liberté. Savoir qu'il a mérité plus d'indépendance grâce à un comportement sécurisant en public l'aidera à comprendre que le respect des règles sera récompensé.

Résolution du problème

À FAIRE

Réprimandez-le

Réprimander votre enfant qui ne reste pas près de vous en public lui apprend le comportement que vous attendez de lui et ce qui se passera s'il ne respecte pas votre règle. S'il s'éloigne, dites-lui : « Reste près de moi, s'il te plaît. Tu es censé rester avec moi. C'est pour ta sécurité. » S'il enfreint sans arrêt la règle, réprimandez-le et rentrez à la maison.

Entraînez-vous encore et encore

Il est important de vous entraîner à respecter les règles avant d'aller faire les courses. Ça l'est encore plus quand votre enfant enfreint les règles pendant une sortie. Dites simplement: «Je suis désolé que tu n'aies pas suivi la règle qui dit que tu dois rester près de moi. Maintenant, nous devons rentrer à la maison et nous entraîner pour que je sache que tu en es capable.» La plupart des enfants n'aiment pas perdre du temps à s'entraîner, mais c'est une sanction qui apprend à votre enfant ce que vous attendez de lui.

À NE PAS FAIRE

Ne changez pas vos règles sous la pression

Ne changez pas vos règles de comportement en public, même si votre enfant crie et hurle. Votre fermeté et votre constance lui donneront un sentiment de sécurité. Même si vos consignes déclenchent de temps à autre des cris et des hurlements, le filet de sécurité que vous offrirez l'aidera à se sentir en sécurité en territoire inconnu.

Ne proférez pas des menaces que vous ne mettrez pas à exécution

Si vous savez que vous devez continuer vos courses, ne le menacez pas de rentrer à la maison s'il ne respecte pas vos règles. Faire de fausses promesses ne fait que lui dire qu'il ne peut pas vous faire confiance.

Ne l'emmenez pas faire des courses qui durent plus longtemps qu'il ne peut le supporter

Certains jeunes enfants sont capables de rester près de vous plus longtemps que d'autres. Apprenez à connaître votre enfant. Si sa limite est une heure, prenez-le en compte avant de partir.

LE PETIT VAGABOND

Emily Brody avait du mal à emmener son fils de quatre ans au centre commercial ou au supermarché. Matthew ne voulait pas rester dans le chariot et s'éloignait sans arrêt dès que sa mère avait le dos tourné.

« Reste ici ! Ne t'enfuis jamais pendant les courses ! » hurla Emily à son fils la dernière fois qu'il disparut sous l'étagère de lingerie d'un grand magasin.

Son ordre resta lettre morte. En quittant le magasin, alors qu'ils longeaient le centre commercial, Matthew se précipita vers une vitrine, pointa le doigt en l'air et s'écria : « Regarde le train ! Regarde le train ! » Emily le perdit de vue un moment et paniqua.

Elle comprit qu'elle devait établir certaines règles pour empêcher son fils de disparaître pendant les courses. Le lendemain matin, elle lui expliqua ces règles avant de partir. Le supermarché était son endroit préféré pour courir dans tous les sens. Elle lui dit : « Matthew, tu dois rester près de moi pendant les courses. Tant que tu resteras à proximité, tu pourras regarder avec les yeux, pas avec les mains. »

Pendant leur galop d'essai, Matthew disparut quelques minutes. « Tu te souviens de la règle ? » lui demanda Emily quand elle finit par le retrouver dans l'allée 3. « Tu es censé rester près de moi. C'est pour ta sécurité. » Matthew agit comme s'il n'entendait pas ce qu'elle disait et partit en direction de ses barres de céréales préférées. Emily, qui bouillait de l'intérieur,mais gardait son sang-froid, se dit que les règles étaient nouvelles. Comme toutes les règles nouvelles, elles doivent être pratiquées avant d'être parfaitement respectées. « Tu es censé rester près de moi. C'est pour ta sécurité », répéta-t-elle. Puis elle le conduisit dans un coin au calme près des fruits et légumes, et lui tourna le dos tout en restant à proximité – la version en public du temps calme. Matthew lança des regards de protestation à sa mère en criant : « Non ! Je veux jouer. Je ne t'aime pas ! » Embarrassée mais stoïque, Emily ignora son accès de colère. Anticipant la suite, elle décida que si sa réprimande ne résolvait pas le problème, elle quitterait le centre commercial et rentrerait à la maison pour s'entraîner avec lui. Au bout de trois minutes (qui lui semblèrent trois heures), elle accueillit Matthew avec un sourire et rappela la règle en terminant les courses. Quand Matthew restait près d'elle, Emily le félicitait en disant : « Merci de rester près de moi, mon chéri. Je suis vraiment ravie de faire les courses avec toi. » Puis ils se demandèrent quelles céréales acheter pour le petit déjeuner de la semaine. Pendant quelques semaines, Emily lui rappela constamment la règle, mais ils eurent rarement besoin d'interrompre les courses et de rentrer à la maison pour s'entraîner tellement ils étaient heureux de se sentir si proches.

Les pleurnicheries

Définition du problème

Au même titre que les adultes sont parfois de mauvaise humeur sans raison apparente, les jeunes enfants sont parfois grincheux bien que leurs besoins physiques soient satisfaits. Ce comportement est généralement la conséquence de la fatigue, de la faim, de l'envie d'attention ou d'un caprice. Ignorer les pleurnicheries est difficile, mais contribue à les calmer. Votre enfant va rapidement apprendre une règle importante : demander gentiment permet de se faire mieux entendre qu'être grincheux et braqué.

Prévention du problème

Faites-lui remarquer quand il est agréable

Quand votre enfant ne pleurniche pas pour demander quelque chose, dites-lui à quel point sa voix respectueuse et agréable a plus de poids. L'attention que vous accorderez lui rappellera que vous appréciez qu'il vous parle sans pleurnicher.

Répondez à ses besoins

Veillez à ce que votre enfant mange, se baigne, s'habille, dorme et soit dorloté régulièrement. Vous éviterez ainsi qu'il ne devienne grincheux parce qu'il est mouillé, affamé, fatigué ou trop énervé pour vous exprimer ses sentiments sans pleurnicher.

Résolution du problème

À FAIRE

Définissez les « pleurnicheries »

Assurez-vous qu'il sait exactement ce que vous voulez dire quand vous dites qu'il pleurniche. Puis expliquez-lui que vous aimeriez qu'il vous demande ou qu'il vous dise ce qu'il veut sans grincher. Dites, par exemple : « Si tu me demandes gentiment, je te donnerai du jus de pomme. Voici comment j'aimerais que tu demandes : "Pourrais-je avoir du jus de pomme, s'il te plaît ?" » S'il ne parle pas encore, montrez-lui comment indiquer ce qu'il veut par des gestes. Laissez-le s'entraîner à demander gentiment au moins cinq fois. Et veillez à satisfaire sa requête pour confirmer vos dires : demander gentiment produit des résultats.

Si nécessaire, créez un « coin des pleurnicheries », variante du temps calme

Si les pleurnicheries de votre enfant se poursuivent après que vous lui avez appris à exprimer gentiment ce qu'il veut, faites-lui savoir qu'il a le droit d'avoir des sentiments et des contrariétés qu'elles seules peuvent soulager. Dites-lui qu'il peut grogner autant qu'il veut, mais qu'il doit le faire dans un « coin des pleurnicheries », un lieu conçu pour ça. Dites-lui que vous préférez ne pas l'entendre. Quand il aura fini et qu'il sera prêt à vous dire ce qu'il veut d'une voix agréable, il pourra revenir. Dites-lui : « Je suis désolé que tu sois énervé. Tu peux aller dans le coin des pleurnicheries et revenir quand tu te sentiras mieux. »

Ignorez ses pleurnicheries

Les pleurnicheries de votre enfant sont tellement éprouvantes qu'il n'est pas rare de lui prêter plus d'attention quand il pleurniche que quand il est calme. Après l'avoir conduit dans le coin des pleurnicheries et lui avoir donné le feu vert pour se débarrasser de sa contrariété, mettez des écouteurs ou occupez-vous pour pouvoir l'ignorer jusqu'à ce qu'il cesse.

Faites-lui remarquer les moments où il ne pleurniche pas

Pour montrer à votre enfant le contraste saisissant entre votre réaction quand il pleurniche et votre réaction quand il ne pleurniche pas, félicitez immédiatement son retour au calme en disant : « Tu es tellement agréable ! Allons chercher de quoi jouer ! » ou « Tu n'es jamais resté aussi longtemps sans pleurnicher ! » ou « Merci de ne pas pleurnicher ! ».

À NE PAS FAIRE

Ne cédez pas

Si vous accordez de l'attention à votre enfant qui pleurniche en vous énervant ou en lui donnant ce qu'il veut, vous lui enseignez que pleurnicher est un moyen de parvenir à ses fins.

Ne pleurnichez pas vous-même

Quand les adultes se plaignent, c'est un peu comme quand un enfant pleurniche. Si vous vous plaignez, votre jeune enfant peut penser que lui aussi peut le faire. Si vous êtes de mauvaise humeur, ne vous mettez pas en colère contre votre enfant parce que vous êtes en colère contre le monde entier. Dites-lui simplement que vous êtes mal luné. Ne pleurnichez pas.

Ne vous mettez pas en colère contre lui

Ne vous fâchez pas contre votre enfant parce qu'il est dans un mauvais jour. Non seulement il prendra votre emportement pour de l'attention, mais en plus il aura le sentiment d'avoir du pouvoir sur vous, puisque son comportement est à l'origine de votre réaction. Il risque de continuer de pleurnicher uniquement pour vous montrer que c'est lui le chef.

Ne punissez pas votre enfant

Dire avec sarcasme : « Je vais te donner de vraies raisons de te plaindre » quand votre enfant pleurniche ne fait que créer un conflit entre vous deux et lui dire que ce n'est jamais bien de pleurnicher, ce qui le culpabilise d'être mécontent. Comme vous quand vous êtes en colère, pleurnicher peut être le seul moyen pour lui d'évacuer sa contrariété.

Souvenez-vous que ça ne durera pas toujours

Si votre enfant est dans un mauvais jour ou traverse une phase où rien ne semble lui faire plaisir, il risque de passer un moment à pleurnicher avant de se réconcilier avec le monde. Dites-vous : « Ça va passer » et essayez de lui remonter le moral en le félicitant quand il se montre agréable.

LE COIN DES PLEURNICHERIES

De son réveil au moment où elle fermait les yeux le soir, Eliana Gonzalez, trois ans, passait son temps à râler, à hurler et à pleurnicher. Tout ce qu'elle disait, elle le disait avec sa voix la plus geignarde : « Maman, je veux manger ! Maman, qu'est-ce qu'il y a à la télé ? Maman, on va où ? Maman, viens me chercher ! »

Camilla, sa mère, essayait bien d'ignorer le bruit que faisait sa fille, mais elle cédait souvent à ses exigences pour la faire taire. Les pleurs et les gémissements commençaient à lui taper sur les nerfs quand un jour elle hurla : « Eliana, cesse ces pleurs stupides. J'en ai assez ! » Mais ses cris ne firent qu'accroître les pleurs de sa fille. Elle décida donc de changer de méthode et d'utiliser une variante du temps calme, une technique qu'elle avait utilisée quand sa fille se conduisait mal.

« Voici le coin des pleurnicheries », annonça-t-elle à sa fille le lendemain matin quand celle-ci entama ses pleurnicheries habituelles. « Je suis désolée que tu pleurniches. Reste ici tant que tu continues. Quand tu auras fini, tu pourras te lever et nous irons jouer avec tes poupées. »

Elle assit sa fille sur la chaise qu'elle avait choisie à cet effet. Puis elle s'en alla pour être sûre de ne lui accorder aucune attention. Quand les pleurnicheries cessèrent, elle retourna la voir et félicita son comportement. « J'adore quand tu prends ta voix douce. Allons jouer. »

Quand Camilla comprit qu'elle envoyait sa fille près de dix fois par jour au coin des pleurnicheries, elle décida de changer elle-même son comportement. Elle se mit à lui enseigner comment éviter d'être envoyée au coin des pleurnicheries. « Si tu me demandes gentiment, je te donnerai à boire », expliqua-t-elle. Puis elle lui apprit à demander gentiment : « Maman, s'il te plaît, je peux avoir à boire ? »

Eliana s'entraîna à suivre ces instructions chaque fois qu'elle voulait une chose pour laquelle elle aurait auparavant pleurniché. Ses pleurnicheries ne cessèrent jamais complètement (elle pleurnichait encore les mauvais jours), mais Camilla se mit à apprécier davantage sa relation avec sa fille. Elle découvrit le bonheur d'être un adulte toujours attentionné, affectueux et protecteur plutôt qu'une mère en colère.

Annexes

I.
Les étapes majeures du développement de l'enfant

Les enfants grandissent et se développent selon un schéma écrit et prévisible. Les étapes importantes sont présentées ici par tranches d'âge auxquelles, en général, les enfants les atteignent. Chaque enfant évolue à son rythme et peut donc les franchir avant, pendant ou après l'âge moyen donné par les statistiques. Si votre enfant est systématiquement en retard ou si certains aspects de son développement vous préoccupent, consultez votre pédiatre.

Souvenez-vous que les filles sont souvent en avance sur les garçons et tenez-en compte dans le développement de votre enfant. Sachez aussi que beaucoup de comportements propres à un âge donné peuvent se répéter plus tard. Conséquence pour vous : quand votre enfant aura six ans, vous devrez peut-être renouveler les efforts que vous avez déployés pour changer son comportement à trois ans. Prenez votre courage à deux mains. Vous avez réussi à gérer le problème quand il avait trois ans. Il vous sera donc plus facile de le gérer à nouveau s'il se représente à six ans.

De 0 à 3 mois

- Soulève la tête et la tourne de chaque côté sur le ventre

- Saisit les jouets et les tient fermement pendant un bref instant.
- Réagit progressivement au son de votre voix.
- Étudie ses mains et ses pieds et fixe votre visage pendant les repas.
- Voit à une distance de 20 à 30 cm (à la naissance).
- Commence à suivre les objets (à deux mois).
- Sourit, fait des bulles et gazouille quand vous jouez ou parlez avec lui (vers deux mois).

De 3 à 12 mois

- Regarde les visages avec intérêt et suit les objets qui bougent
- Reconnaît les objets et les visages familiers ; sourit au son de votre voix.
- Commence à développer un sourire social.
- Se tourne du côté d'où vient un bruit.

De 12 à 24 mois

- Explore son environnement ; s'intéresse à tout.
- Fait une grosse sieste par jour.
- Joue seul pendant de courtes périodes.
- Explore son corps.
- Semble souvent déconnecté du monde.
- S'oppose à vous – s'en va, par exemple, quand vous lui demandez de venir.
- Obéit rarement à un ordre. Son mot préféré est « non »
- Pas facilement motivé par les mots.

- Impatient à l'extrême. Ne sait pas attendre et ne comprend que le mot « maintenant ».
- A des difficultés à donner et traite parfois les autres comme des objets, à l'exception de ses parents.
- Son langage est limité, mais il comprend plus de mots qu'il ne peut en dire.
- Marche, court et parfois escalade, mais son équilibre est très instable.
- Est soupe au lait et émotionnellement très immature.

2 ans

- Plus mature et plus calme, et désireux de faire ce qu'il sait faire.
- Court, escalade, pousse, tire et bouge beaucoup ; motricité plus sûre.
- Communique plus efficacement et formule ses demandes.
- Mange tout seul en utilisant ses doigts, une cuillère et un gobelet.
- Émotionnellement, la vie est plus facile. Ses demandes ne sont plus si pressantes et il peut attendre un moment si nécessaire.
- S'intéresse plus aux autres et apprécie parfois de faire plaisir
- Peut retirer certains de ses vêtements tout seul.
- Explore ses parties génitales.
- Dort moins et se réveille facilement.
- Aime les habitudes.
- Est contrarié si sa mère s'absente pour la nuit.
- Est têtu et indécis ; change d'avis.

- Imite les adultes.
- Ne partage pas avec les autres enfants.
- Joue à côté, mais pas avec les enfants de son âge.
- Est souvent tendre, affectueux et chaleureux.
- Aime les jeux d'eau.
- Prolonge le rituel du coucher.

3 ans

- Court, saute et escalade
- Mange tout seul; boit proprement au gobelet.
- Transporte des objets sans les renverser.
- S'habille et se déshabille en partie tout seul.
- Peut ne pas dormir à l'heure de la sieste, mais joue calmement.
- Réagit aux adultes; cherche l'approbation.
- Est sensible aux marques de désapprobation.
- Coopère; aime faire des petites courses.
- C'est l'âge du « Moi aussi ! »; veut participer.
- Est curieux des choses et des personnes.
- A beaucoup d'imagination; peut avoir peur du noir ou des animaux.
- Peut avoir un compagnon imaginaire.
- Peut sortir de son lit la nuit.
- Est bavard; fait des phrases courtes.
- N'attend pas son tour; manque de patience.
- Peut assumer quelques responsabilités, comme ranger ses jouets.
- Joue bien seul, mais les jeux collectifs peuvent être houleux.

- Est attaché au parent du sexe opposé.
- Est jaloux, surtout d'un nouveau bébé.
- Peut se sentir coupable.
- Exprime son insécurité émotionnelle en pleurnichant, en pleurant ou en voulant être rassuré sur l'amour des siens.
- Libère les tensions en suçant son pouce ou en se rongeant les ongles.

4 ans

- Continue de grandir et de prendre du poids.
- Continue d'améliorer sa coordination.
- Mange bien, dort bien et va régulièrement à la selle.
- Est très actif.
- Commence les choses, mais ne les finit pas toujours.
- Est autoritaire ou se vante.
- Joue avec les autres, mais s'affirme.
- A des disputes de courte durée.
- Parle clairement ; est un grand bavard.
- Raconte des histoires et exagère.
- Prononce des insanités.
- Forme des mots dépourvus de sens en omettant des syllabes.
- Rit et glousse.
- Prend son temps.
- Se lave quand on le lui demande.
- En est au stade du : « Comment et pourquoi ? ».
- Ne peut pas se passer de ses copains.

5 ans

- Peut devenir un ange ; c'est l'âge d'une extrême et délicieuse stabilité.
- Est généralement fiable, stable et équilibré.
- Se sent bien dans sa peau ; est calme, amical et généralement peu exigeant avec les autres.
- Ne veut généralement pas se risquer dans l'inconnu.
- Réussit généralement ce qu'il entreprend, mais n'entreprend que ce qu'il sait faire.
- Aime être près de sa mère, faire des choses avec et pour elle, et lui obéit.
- Cherche à être un « bon » petit, et arrive généralement à l'être
- Cette phase angélique se termine généralement autour de cinq ans et demi ou six ans, au grand regret des parents.

6 ans

- Est extrêmement difficile à gérer
- Comme un enfant de deux ans et demi, il éprouve des émotions violentes et peut passer sans prévenir d'adorable à détestable.
- La mère n'est plus aussi importante. Il devient le centre de son propre monde et reproche désormais à sa mère tout ce qui va mal.
- Comme à deux ans et demi, il est très exigeant avec les autres et très catégorique dans ses demandes.
- Réagit de manière extrêmement négative avec les autres et refuse de faire ce qui lui est demandé simplement parce qu'on le lui a demandé.
- Déborde d'énergie.

- A des problèmes pour choisir entre deux options parce qu'il veut les deux.
- N'accepte pas la critique, les reproches et la punition. Doit toujours avoir raison, gagner et être félicité.
- Est intransigeant et intraitable avec les autres, comme à deux ans et demi. D'où des pleurs et des accusations de tricherie quand il perd.
- Tant que tout va bien, peut se montrer chaleureux, enthousiaste, impatient et ouvert à tout ce qui est nouveau.

7 ans

- Se retire du monde et aime être seul avec ses propres affaires.
- Est beaucoup plus calme qu'à six ans et plus facile à vivre.
- A plus de chances de se plaindre que de se réjouir.
- A tendance à se morfondre et peut être décrit comme morose et lunatique.
- Aime regarder, écouter et prendre part à toute activité.
- Veut toucher et sentir tout ce avec quoi il est en contact.
- Joue davantage avec son esprit.
- Est souvent trop exigeant avec lui-même.
- A ses bons et ses mauvais jours, des jours où il apprend bien et des jours où il oublie tout.
- A souvent le sentiment que les autres sont contre lui, ne l'aiment pas et l'embêtent.
- Fait des grimaces et boude souvent pour exprimer son mécontentement.
- Les bons jours augmentent progressivement jusqu'à ce qu'il soit prêt pour tout ce qui l'attend à l'âge de huit ans.

8 ans

- Souvent décrit comme exubérant et vif; explore le monde.
- Croit que rien n'est trop difficile pour lui.
- A tendance à affronter les nouveaux défis avec beaucoup d'enthousiasme.
- Aime faire de nouvelles expériences, tester de nouvelles choses et se faire de nouveaux amis.
- Surestime souvent sa propre capacité à aller au bout, ce qui le conduit parfois à l'échec et au découragement; a besoin d'aide pour mieux planifier ses efforts.
- Les échecs fréquents sont accueillis dans les larmes et l'autodénigrement: «Je fais tout mal», «Je ne fais jamais rien de bien»…
- Les échecs d'aujourd'hui ne l'empêchent pas d'entamer les projets de demain.
- S'intéresse aux échanges réciproques avec les autres, s'inquiète pour eux et veut savoir ce qu'ils pensent
- A plus de choses à dire aux autres et attend aussi plus d'eux.
- Veut et exige une relation proche et compréhensive avec sa mère.
- Impétueux et courageux, mais beaucoup plus sensible qu'on ne le pense.
- Donne un aperçu de l'adulte qu'il va devenir.

II.
Le point sur la sécurité des enfants

Les statistiques sont alarmantes. Elles montrent que les accidents domestiques (accidents de la vie courante, AcVC) constituent la cause de décès numéro un chez les enfants de moins de quinze ans. La plupart des accidents sont la conséquence d'une curiosité normale et saine. Les risques de blessures augmentent dès lors que les enfants se mettent à ramper, avancer à quatre pattes, marcher, escalader et explorer le monde.

Voici une liste des mesures que les parents et tous les membres de l'équipe éducative devraient prendre pour prévenir les accidents domestiques :

- Gardez toujours les couteaux sous clé, hors de portée des enfants.
- Installez des sécurités enfant sur tous les placards et les tiroirs qui contiennent des objets dangereux.
- Rampez à quatre pattes dans toute la maison pour repérer les dangers que vous devez lui éviter.
- Branchez des caches en plastique conçus à cet effet sur les prises électriques vides.
- Débranchez les rallonges électriques inutilisées.

- Placez de gros meubles devant les prises électriques sur lesquelles sont branchés des appareils ou installez des caches pour empêcher un enfant de débrancher les prises.
- Si les tables basses ou autres meubles ne sont pas solides ou ont des angles tranchants, retirez-les jusqu'à ce que votre enfant soit plus grand ou installez des protections sur les angles tranchants.
- Si vous avez de grands meubles sur lesquels un enfant peut monter et qu'il peut faire basculer, fixez-les à un mur.
- Rangez les produits ménagers dangereux – détergents, nettoyants liquides, lames de rasoir, allumettes et médicaments – hors de portée dans un placard sous clé.
- Installez un solide pare-feu devant la cheminée.
- Utilisez toujours un siège auto conforme dans votre voiture.
- Vérifiez régulièrement les jouets à la recherche de bords tranchants ou de petits débris.
- Vérifiez le sol à la recherche de petits objets que votre enfant pourrait mettre à la bouche.
- Installez une barrière devant l'escalier pour l'empêcher de jouer sans surveillance sur les marches.
- Ne laissez jamais votre bébé sans surveillance sur la table à langer, dans la baignoire, dans un canapé, sur votre lit, dans un siège bébé ou dans une chaise haute, par terre ou dans la voiture.
- Placez les petits objets fragiles hors de portée de votre enfant.
- Fermez systématiquement la porte de la salle de bains. Si votre enfant arrive à ouvrir les portes, installez une sécurité enfant.
- Installez une fermeture de sécurité sur l'abattant des toilettes.

- Rangez les sacs en plastique et les petits objets (pins, boutons, noix, bonbons durs et pièces de monnaie) hors de portée à tout moment.
- Assurez-vous que les jouets, les meubles et les murs sont peints avec de la peinture sans plomb. Lisez les étiquettes pour vérifier que les jouets ne sont pas toxiques.
- Enseignez-lui la signification du mot chaud le plus tôt possible. Éloignez-le du four chaud, du fer à repasser, de la cheminée, du poêle, du barbecue, des cigarettes, des briquets, des tasses de thé et des tasses à café.
- Tournez toujours les poignées des poêles vers l'intérieur quand vous cuisinez et retirez les boutons de la cuisinière à gaz quand vous ne l'utilisez pas.
- Installez des loquets de sécurité sur le congélateur et sur le four s'ils n'ont pas de sécurité enfant.
- Ne laissez pas une nappe pendre quand votre enfant est dans les parages.
- N'attachez jamais des jouets au berceau ou au parc. Votre bébé pourrait s'étrangler avec la ficelle. Et n'attachez jamais une tétine à un cordon qui pourrait s'enrouler autour de son cou.

III.
Mon enfant est-il hyperactif ?

Si vous soupçonnez votre jeune enfant d'être hyperactif, voici quelques indices sur la manière dont va se dérouler l'évaluation de son comportement. Seul un examen minutieux de votre enfant et de son comportement peut permettre d'établir un diagnostic précis et un traitement efficace. Cette évaluation approfondie est menée par un spécialiste de la santé mentale (psychologue, travailleur social ou psychiatre) qui collectera des informations dans les domaines suivants :

Les antécédents familiaux, notamment :

1. Les antécédents développementaux, scolaires et médicaux de votre enfant
2. Les antécédents psychiatriques familiaux
3. Tous les examens précédemment passés par votre enfant
4. Les questionnaires comportementaux complétés par les parents, les enseignants, etc.
5. Son comportement social à la maison, dans le quartier et à l'école
6. La manière dont votre famille comprend et réagit à son comportement

7. Ses habitudes de sommeil
8. Son alimentation et ses allergies
9. Une analyse des facteurs liés au comportement de votre enfant, notamment :
    a. Comment il interagit avec sa mère, son père, ses frères et sœurs, ses camarades, ses enseignants, ses entraîneurs, etc.
    b. Sa réaction à la maison, à l'école, en société, dans le quartier, etc.
    c. Sa réaction à la lecture, à l'écriture, aux devoirs, aux jeux vidéo, à l'habillage, etc.
    d. Son comportement tôt le matin, après l'école, pendant les repas, quand il s'ennuie, au coucher, etc.

Un entretien avec votre enfant pour collecter les informations suivantes :

1. Sa compréhension et sa vision de ses problèmes
2. Son comportement émotionnel général

Une analyse du comportement de votre enfant à l'école, notamment :

1. Des questionnaires comportementaux complétés par les enseignants
2. La connaissance et la réaction des enseignants à son comportement
3. L'observation de votre enfant en classe dans plusieurs tâches et contextes

Des tests formels pour évaluer :

1. Le comportement cognitif général
2. Les compétences
3. L'attention
4. Le langage
5. La sensori-motricité

IV.
L'étude ACE de Vincent Felitti et Robert Anda

L'une des plus grandes études jamais conduites sur le lien entre la maltraitance subie dans l'enfance et la santé et le bien-être à l'âge adulte est le fruit de la collaboration entre les Centers for Disease Control and Prevention et Kaiser Permanente, une mutuelle de santé de San Diego.

Plus de 17 000 assurés de la mutuelle de santé venus passer un examen complet acceptèrent de fournir des informations détaillées sur leur expérience de la violence, de la négligence et du dysfonctionnement familial dans l'enfance. Les questionnaires, collectés entre 1995 et 1997, représentaient un échantillon démographique de la classe moyenne à supérieure.

À ce jour, cette étude a donné lieu à plus de 50 articles scientifiques et plus de 100 conférences et ateliers. Les résultats montrent qu'aux États-Unis certaines expériences constituent des facteurs de risque majeurs dans les principales causes de maladie et de décès, ainsi que de mauvaise qualité de vie.

Les chercheurs furent surpris par la fréquence des expériences négatives au sein d'une population généralement aisée. Voici ce que dit Anda dans le livre de Paul Tough, *Comment les enfants réussissent* : « La corrélation entre les expériences négatives de l'enfance et la situation à l'âge adulte était tellement flagrante qu'elle nous stupéfia.» Plus les expériences négatives sont nombreuses dans l'enfance, plus les risques de retard de développement et plus tard de problèmes de santé sont élevés – maladie cardiaque, diabète, toxicomanie et dépression, entre autres.

The ACE Study, National Public Radio, All Things Considered, 2 mars 2015.

MARABOUT
s'engage pour l'environnement
en réduisant l'empreinte carbon
de ses livres.
Celle de cet exemplaire est de :
250g éq. CO_2
Rendez-vous sur
www.marabout-durable.fr

PAPIER À BASE DE
FIBRES CERTIFIÉES

Imprimé en Espagne par Liberdúplex
pour le compte des Éditions Marabout (Hachette Livre)
58, rue Jean-Bleuzen, 92178 Vanves Cedex
Achevé d'imprimer en février 2019

ISBN : 978-2-501-13545-0
1055688/03
dépôt légal : septembre 2019